职业院校课程改革特色教材（汽车类）
ZHIYE YUANXIAO KECHENG GAIGE TESE JIAOCAI (QICHELEI)

汽车底盘构造与维修一体化学生手册（第2版）

车小平　总主编
李显贵　黄祎　莫雪山　主编
黄文光　梁新宁　陈金红　陈锐　副主编

人民邮电出版社
北京

图书在版编目（CIP）数据

汽车底盘构造与维修一体化学生手册 / 李显贵，黄祎，莫雪山 主编. -- 2版. -- 北京 : 人民邮电出版社，2017.8（2022.8重印）
职业院校课程改革特色教材. 汽车类
ISBN 978-7-115-45857-5

Ⅰ. ①汽… Ⅱ. ①李… ②黄… ③莫… Ⅲ. ①汽车－底盘－结构－高等职业教育－教学参考资料②汽车－底盘－车辆修理－高等职业教育－教学参考资料 Ⅳ. ①U472.41

中国版本图书馆CIP数据核字(2017)第159083号

内容提要

本手册与人民邮电出版社出版的《汽车底盘构造与维修一体化教程（第 2 版）（附微课视频）》一书配套使用，本手册的编排顺序与主教材体系完全一致。本手册主要内容包括汽车底盘概述、传动系统、行驶系统、转向系统、制动系统的结构和工作原理及典型零部件的拆装、调整及检修方法等。

本手册可作为职业院校、技工学校汽车类专业的教学用书，也可供有关技术人员参考、学习、培训之用。

◆ 总 主 编　车小平
主　　编　李显贵　黄　祎　莫雪山
副 主 编　黄文光　梁新宁　陈金红　陈　锐
责任编辑　王丽美
责任印制　焦志炜

◆ 人民邮电出版社出版发行　北京市丰台区成寿寺路 11 号
邮编 100164　电子邮件 315@ptpress.com.cn
网址 http://www.ptpress.com.cn
固安县铭成印刷有限公司印刷

◆ 开本：787×1092 1/16
印张：7.25　2017 年 8 月第 2 版
字数：175 千字　2022 年 8 月河北第 12 次印刷

定价：18.00 元

读者服务热线：(010)81055256　印装质量热线：(010)81055316
反盗版热线：(010)81055315
广告经营许可证：京东市监广登字20170147号

汽车底盘构造与维修一体化学生手册（第 2 版）

编 委 会

总主编：车小平

主　编：李显贵　黄　祎　莫雪山

副主编：黄文光　梁新宁　陈金红　陈　锐

参　编：宁　斌　何时清　刘　健　陈光倍　黄悦芬
黄新毅　谭海念　刘　坚　陈开吉　郑敏林
蒙之锐　张　新

前言 PREFACE

本手册与人民邮电出版社出版的《汽车底盘构造与维修一体化教程（第2版）（附微课视频）》一书配套使用。

本手册的内容紧扣主教材的能力目标要求，既注重基础知识的巩固，又强调基本能力的培养。教师可根据手册指导学生进行专业理论题的练习及技能操作训练等。学生不仅可以通过本手册巩固所学专业理论知识，也可以按照手册中的项目操作规程、方法步骤等内容进行技能操作训练。本手册在项目下的部分任务的练习结束后设有综合训练。

本手册在学生掌握基本理论及技能的前提下，引入了汽车维修企业的工作模式，教师布置一项工作任务，由学生按照维修企业的规范操作流程，在教师的引导下完成工作任务，完成了教学任务与维修企业工作任务的无缝对接。这样，既能检验学生掌握专业技能的水平，同时也能体现教师的教学水平。

由于编者水平有限，书中难免有不妥和疏漏之处，敬请广大读者批评指正。

编者

2017年3月

目录 CONTENTS

项目一 1 汽车底盘概述

【基础知识填空】

1．汽车种类繁多，结构各异，汽车一般由________________________________4 部分组成。

2．汽车底盘由____组成。

3．传动系统的作用是____。

4．按结构和传动介质不同，汽车传动系统可分为____________、液力机械式、____________等。

5．机械式传动系统由____________、驱动桥等组成。

6．离合器的作用是保证换挡平顺，必要时______________________________传动。

7．变速器可实现变速、______________________________传动。

8．万向传动装置的作用是实现有夹角和________________________________的两轴之间的动力传动。

9．主减速器的作用是将动力传给差速器，并实现____________________________________。

10．差速器的作用是将动力传给半轴，并允许______________________________________。

11．半轴的作用是将差速器的动力传给____。

12．____________（FR）是传统的汽车传动系统布置形式，应用广泛。____________（FF）多用于轿车，但豪华轿车很少采用。____________（RR）多用于客车。____________（MR）用于跑车、赛车，如法拉利、保时捷、F1 赛车。

13．行驶系统的作用是____。

14．行驶系统由车架、车桥、悬架、车轮等组成，请对照图 1-1 把名称填到相应的位置。

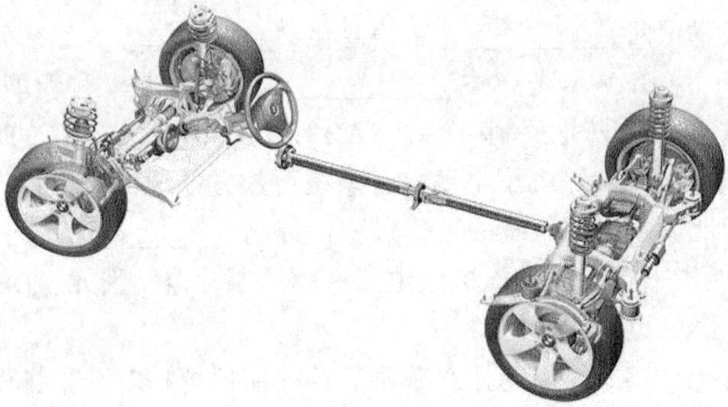

图 1-1　__________

15．转向系统的作用是____。

16．转向系统由____________、____________、____________组成。

17．动力转向系统由油缸、油泵、____________、油管和____________等组成。

18．写出图 1-2 中各零部件的名称。

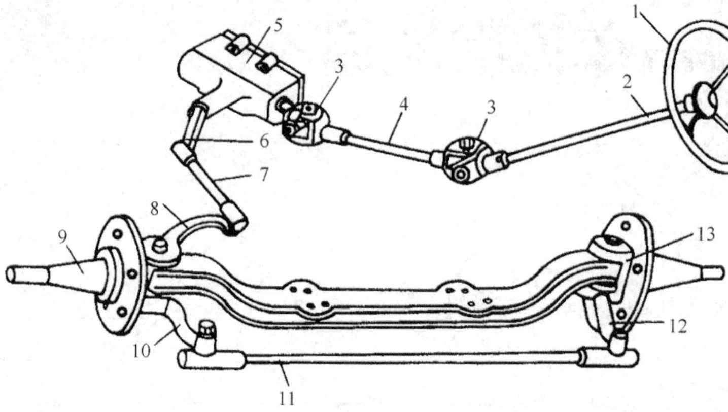

图 1-2　机械转向系统

1 ______　2 ______　3 ______　4 ______

5 ______　6 ______　7 ______　8 ______

9、13 ______　10、12 ______　11 ______

19．制动系统的作用是____。

20．汽车制动系统主要由制动操纵机构、__________、__________和__________组成。较为完善的制动系统还具有__________、__________、压力保护装置等附加装置。

21．随着电子技术的不断发展，越来越多的新电子控制技术被应用于汽车上。许多新的底盘控制技术设备在汽车的__________、__________、__________等方面起着重要的作用。例如，全电路制动系统（Brake-by-Wire，BBW）、汽车转向控制系统（RWS、ESP Ⅱ等）、__________（ADC、ARC 等）以及现在发展起来的汽车底盘线控技术（线控换挡系统、制动系统、悬架系统、增压系统、油门系统和转向系统等）。再加上汽车__________总线的应用，42V 电压技术的研究，__________的研究都会带动汽车底盘控制技术向更高层次的发展。目前，汽车底盘控制技术正向__________、信息化、__________、__________方向发展。

22．全电路制动系统（BBW）是一种__________，BBW 是一种新型的__________系统，它采用嵌入式总线技术，可以与防抱死制动系统（ABS）、__________（TCS）、__________（ESP）、主动防撞系统（ACC）等汽车主动安全系统更加方便地协同工作，通过优化微处理器中的控制算法，可以精确地调整制动系统的工作过程，提高__________，加强汽车的制动安全性能。BBW 以电能作为能量来源，通过电机或电磁铁驱动制动器。因此，BBW 的结构简洁，更趋向于模块化，安装和维修更简单方便。

23．后轮转向系统（RWS）能主动让汽车两后轮的横拉杆相对于车身做侧向运动，使两后轮产生一转向角。RWS 是由__________、__________和__________等组成。

汽车低速行驶时，当转向盘的执行机构给后轮一个相应方向相反的转向角，使汽车在低速拐弯或停车时，__________。当汽车高速行驶时，转向盘的执行机构给后轮一个与前轮转向角方向一致的转向角。汽车的前后轮同时向同一方向转向，可提高______________________________。当汽车在 L2 路面制动时，同系统相配合，可及时通过主动后轮转向角来平衡制动力所产生的横摆力矩，既能保持汽车的方向稳定性，又能最大限度地利用前轮的制动力，改进汽车的制动性能。

24．ESPⅡ（或者 ESP plus）。由于 ESP 系统在对轿车的行驶状态进行干涉时，只是通过对__________________________。乘员能够感觉到由脉冲制动力引起的轿车震动。ESPⅡ能够识别__________________________。如果汽车在路面两侧附着系数不同的对开路面上制动时，它有朝着路面附着系数较大的一侧转动的趋势，即出现所谓的“制动器拉动”现象，在这种情况下，ESPⅡ能够通过转向轮朝路面附着系数较小的一侧做适当的转向转动，以平衡“制动器拉动”的趋势。

25．主动悬架阻尼器控制系统（ADC）由____________、CAN、4 个____________传感器、4 个____________传感器和 4 个阻尼器比例阀组成。根据汽车的运动状况及传感器信号，电子控制单元计算出每个车轮悬架阻尼器的最优阻尼系数，然后对阻尼器比例阀进行相应的调节，____________，抑制车辆的变化等，使汽车的悬架系统能提供更好的____________。

26．当汽车进行弯道行驶时，离心力会对汽车____________。这个侧倾力矩一方面引起车身侧倾，另一方面使车轮____________转移。主动横向稳定杆则可以根据具体情况对每个横向稳定杆施加一个可连续变化的初始侧倾角或者初始侧倾力矩。

27．线控是用电子信号的传送取代____________连接的部分，如换挡连杆、油门拉线、转向器传动机构、刹车油路等。

28．目前汽车底盘的线控技术包括____________、制动系统（如电液制动系统 EHB，电子机械制动系统 EMB）、____________、增压系统、____________和转向系统等。

29．ABS/ASR/ESP 的集成化：ABS/ASR 装置成功地解决了____________________________

____

30．ABS/ASR/ACC 的集成化：在 ABS/ASR 电子控制装置硬件的基础上，增加接收车距传感器信号的电子电路、________________________________电路。

31．汽车底盘全方位控制系统：汽车传动控制系统、________________、电子转向系统、________________等集成融合在一起成为综合的汽车底盘电子控制系统。各控制功能集中在一个 ECU 中，通过________________总线实现信息共享、资源综合利用。

32．目前汽车底盘的网络化中应用比较成熟的有 CAN 总线，它是由博世提出的 CAN 标准（CAN/B 为 B 级 CAN，CAN/C 为 C 级 CAN），________________作为一种新的短距离无线通信技术标准，在____________________________，其相对低廉的成本和简便的使用方法得到汽车业界的一致认同。

项目二 2 传动系统

任务一 离合器构造与拆装检修

【基础知识填空】

1．离合器由____________、____________、____________、____________组成。

2．离合器的主动部分由____________、____________、压盘等部件组成。离合器盖与飞轮由螺栓连接，压盘与离合器盖之间由 3～5 个____________________________。

3．离合器的从动部分包括____________和____________。

4．离合器的压紧机构主要由____________组成。它将压盘和离合器片紧紧地压在飞轮上。

5．离合器的操纵机构主要由____________、____________、____________、____________、____________、____________、____________、回位弹簧等组成。

6．离合器的功用

（1）保证动力的传递，必要时____。

（2）保证汽车____。

（3）保证换挡时____。

（4）防止____。

7．离合器根据摩擦片数可分为____

单片离合器特点：____________，____________，____________，____________，____________，____________。

双片离合器特点：____________，____________，____________，____________。

8．离合器根据压紧弹簧的类型可分为________________________、________________________、________________________、________________________。

9．现代汽车常用的离合器形式有____________和________________________。

10．膜片弹簧式离合器由____________、____________、____________、____________组成，按图 2-1 所示将名称填写在相应的位置。

11．膜片弹簧离合器的优点包括__________________________；__________________________；__________________________；__________________________；__________________________；__________________________。

12．从动盘主要由____________、扭转弹簧、____________和____________等组成，如图 2-2 所示。

13．从动盘按结构形式可分为____________从动盘，从动盘本体是完整的钢片，并开有 T 形槽，摩擦片直接铆接在从动盘本体上。____________从动盘，从动盘本体上铆接波形弹簧片，摩擦片铆接在波形弹簧片上。____________从动盘，靠近压盘的一面铆有波形弹簧片，靠近飞轮的一面没有。

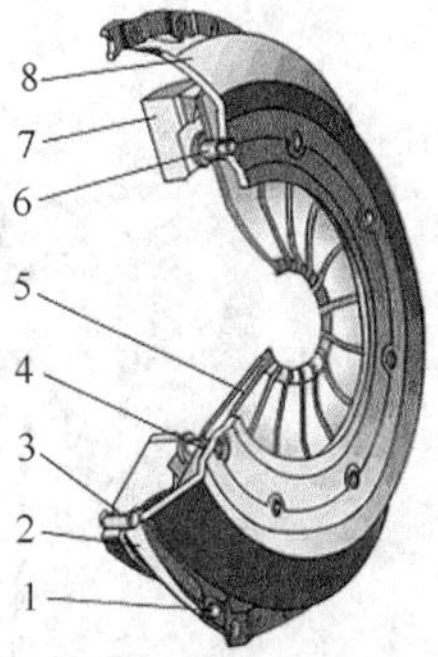

图 2-1 膜片弹簧式离合器

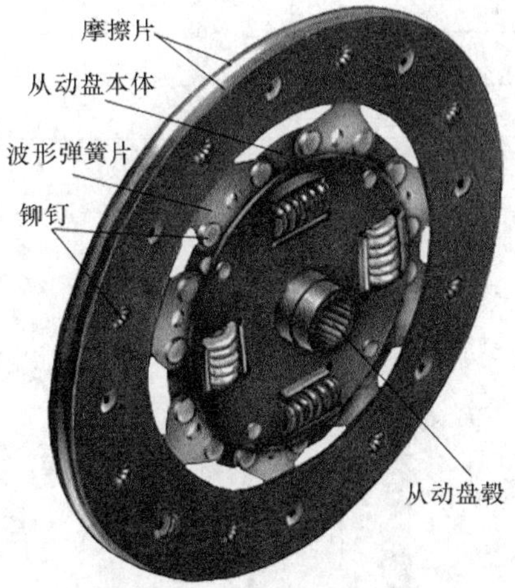

图 2-2 从动盘

1、3—__________ 2—__________ 4—__________

5—__________ 6—__________ 7—__________ 8—__________

14．扭转减震器由____________、____________、____________等组成。

15．减震器的作用是____________________________。

16．减震器盘的作用是____________________________。

17．减震弹簧的作用是____________________________，使离合器工作平稳，从而使离合器各元件的自振频率下降，避免产生高频振动。

18．减震器阻尼片的作用是通过____________、____________、____________三者之间的相对往复摆动，消耗扭转震动的能量，从而使扭转震动迅速衰减。

19．带扭转减震器从动盘的动力传递顺序是____________→____________→____________。

20．离合器接合时，发动机发出的转矩经____
____。

21．在离合器从分离到接合的过程中，摩擦片与飞轮和压盘之间要发生摩擦，产生大量热量。所以在离合器盖上都设有____________，有的还制有____________，以加强其内部的通风散热。

22．自由间隙的定义是____
____。

23．分离间隙的定义是____
____。

24．如图 2-3 所示，离合器压盘、离合器盖、膜片弹簧、支承圈、支承固定铆钉等在通常情况下是一个整体，在膜片弹簧的两侧有____
____
____
____
________________________________。

25．当离合器盖安装螺栓紧固后，如图 2-4 所示，从动盘和压盘____。

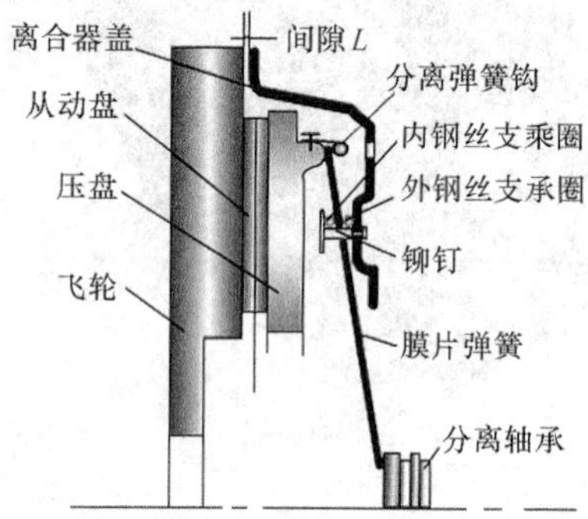

图 2-3　离合器盖安装螺栓紧固前的位置图

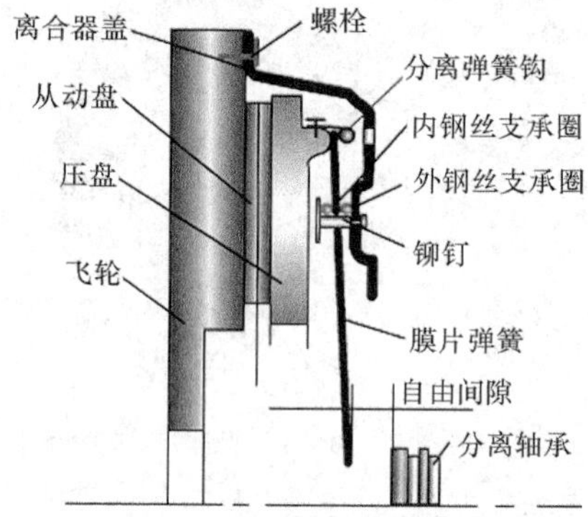

图 2-4　离合器盖安装螺栓紧固后的位置图

26．离合器安装螺栓紧固后的位置如图 2-4 所示，注意：安装后____。

27．工作时，分离轴承推动膜片弹簧内缘前移，____。

28．离合器工作原理如图 2-5 所示。当需要传递动力时，缓慢抬起离合器踏板，____。

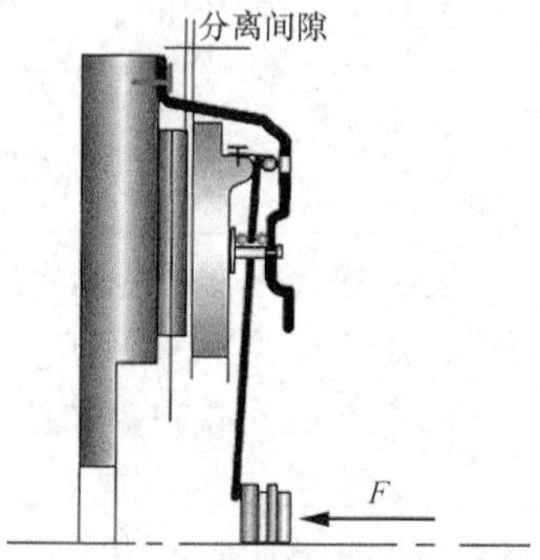

图 2-5　离合器工作原理

29．离合器操纵机构按照分离离合器所需的操纵能源不同分为________________________两大类。

30．离合器操纵部分就是用来控制离合器分离与接合工作的，常见有____________、____________、____________3 种。

31．绳索传动装置主要应用于____。

32．杆系传动装置中，由于各传动件是用杆件铰接的，________________________，被广泛采用。

33．液压式操纵机构由____________、____________、____________、____________及其他一些附属零件组成。

34．气压助力式操纵机构由__________、__________、__________、__________组成。

【实践操作训练】

一、补全操作步骤，并在实训车间内完成实际操作。

1．LZ1010 车型离合器的就车拆卸

（1）准备常用工具及专用工具。

（2）在车轮前后放好三角木，如图 2-6 所示。

（3）拆下蓄电池负极（注意：__________________________），如图 2-7 所示。

图 2-6 __________

图 2-7 __________

（4）分别拆下起动机、__________，______________________，拆卸变速器选挡和换挡杆，如图 2-8～图 2-10 所示。

图 2-8 __________

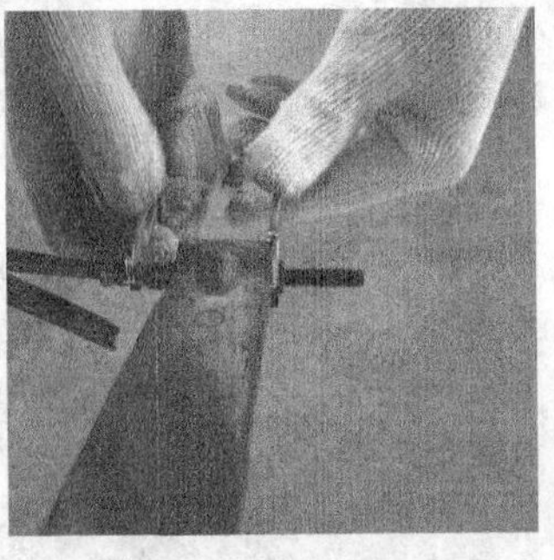

图 2-9 __________

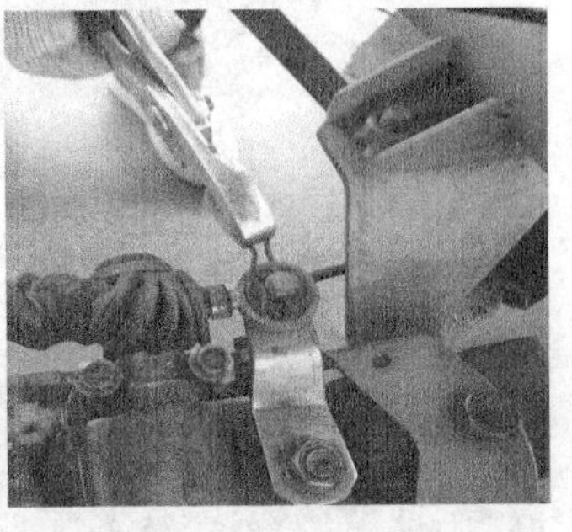

图 2-10 __________

（5）拆下__________、搭铁线、里程表线、倒挡开关线等连接线，如图 2-11 和图 2-12 所示。

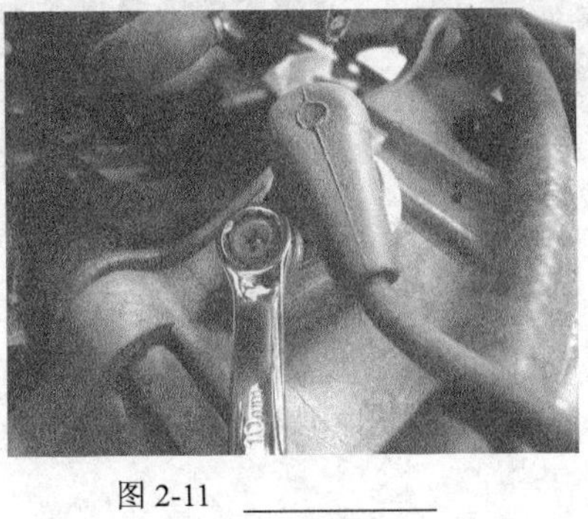

图 2-11 __________

图 2-12 __________

（6）拆卸传动轴与变速器输出轴之间的连接螺栓，卸下传动轴，如图 2-13 所示。注意：_______________________________，以便装配。注意保护好与油封配合的花键轴套____________。

（7）拆卸发电机紧固螺栓、飞轮壳与变速器固定螺栓、挡泥板螺栓，如图 2-14 和图 2-15 所示。

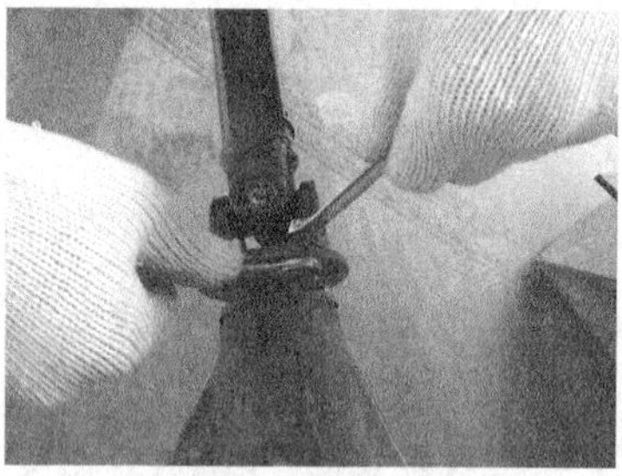

图 2-13 ____________

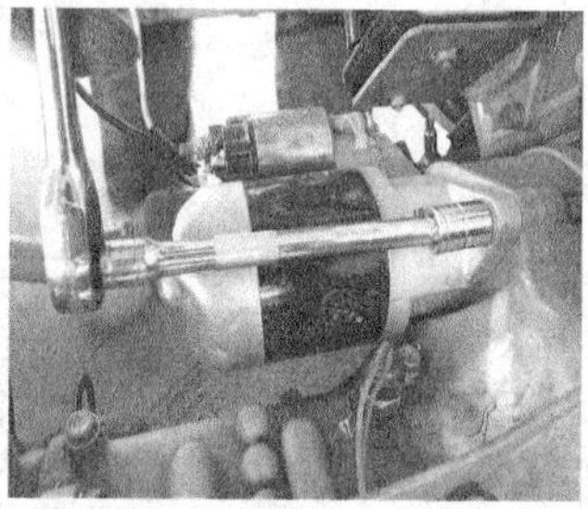

图 2-14 ____________

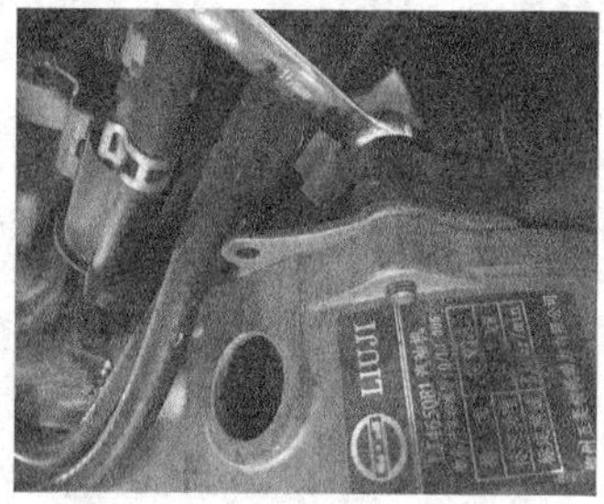

图 2-15 ____________

（8）用千斤顶____________（有一些车型还要垫好____________），如图 2-16 所示。

（9）拆卸变速器延伸箱支架处的固定螺栓，如图 2-17 所示。

图 2-16 ____________

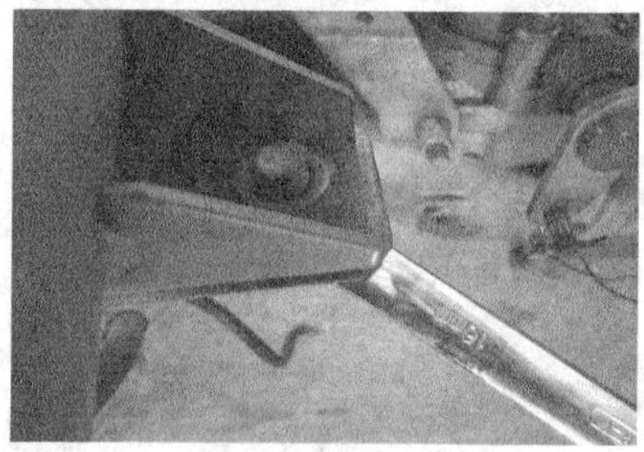

图 2-17 ____________

（10）确认所有紧固连接件被拆卸后，将变速器延伸箱输出轴____________________________，以防止齿轮油泄漏，从汽车上将变速器拆卸下来，如图 2-18 所示。

（11）从飞轮上拆下离合器固定螺栓，卸下离合器压板总成和摩擦片，如图 2-19 和图 2-20 所示。

图 2-18 ____________

图 2-19 ____________

图 2-20 ____________

（12）清洁各零部件并摆放整齐，如图 2-21 所示。

2．LZ1010 车型离合器的就车装配

（1）用棉布擦干净飞轮、压盘总成、离合器片上的油污，并用细砂纸轻轻打磨______________部分，如图 2-22 所示。

图 2-21 ____________

图 2-22 ____________

（2）将从动盘装在发动机飞轮上，如图 2-23 所示，注意：____。

图 2-23 ____________

（3）用________________________将从动盘、压盘总成固定在飞轮上，先用 T 型扳手或者套筒扳手预拧紧螺栓（见图 2-24），然后用扭力扳手分________________________，力矩为 25～32 N・m。

（4）在分离轴承及输入轴头部抹少许黄油（见图 2-25），装上变速器，并用千斤顶顶住变速器（见图 2-26）。注意：安装前先检查分离轴承及拨叉位置是否到位；装配变速器时应能很轻松地装入，如果安装较困难，____。

图 2-24 ____________

图 2-25 ____________

图 2-26 ____________

（5）拧紧变速器连接处的紧固螺栓，力矩为 35N・m，如图 2-27 所示。

（6）装起动机，拧紧起动机紧固螺栓，力矩为 38～42N・m，如图 2-28 所示。

（7）拧紧变速器固定支架紧固螺栓、拧紧附件螺栓，支架紧固螺栓力矩为 35N·m，如图 2-29 所示。

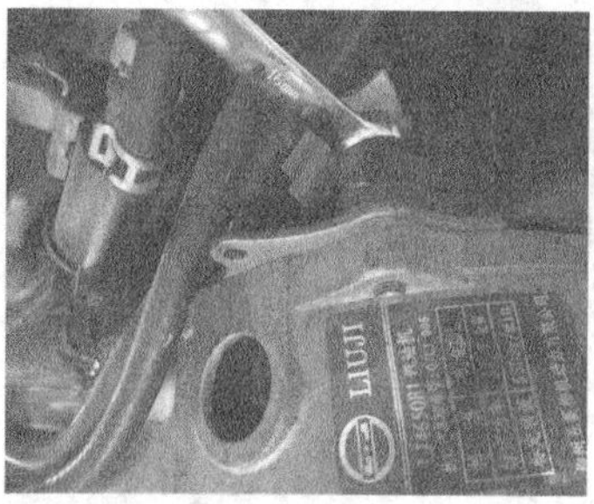

图 2-27 ______

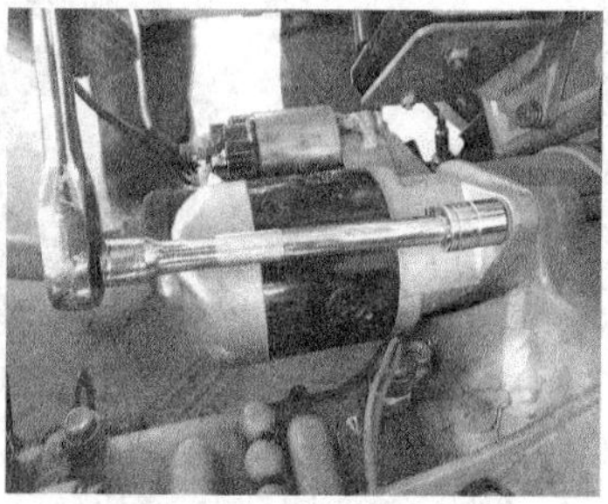

图 2-28 ______

图 2-29 ______

（8）安装传动轴、离合器拉索、选挡杆、换挡杆。装传动轴时应注意安装标记。

（9）调整离合器的行程。离合器的自由行程调整应以______。

二、离合器的调整

1．离合器自由行程的测量

（1）离合器踏板自由行程：从踩下离合器踏板到______。

（2）离合器踏板工作行程：______。

（3）一般轿车离合器踏板的自由行程为______mm。

（4）离合器踏板的自由行程过大或者没有，会使离合器______等现象。

（5）离合器踏板的高度，对于一般轿车应达到 170～190 mm。其调整方法为______。

2．离合器自由行程的调整

拉索式离合器操纵机构的调整主要是调整离合器______的长度。

液压助力式离合器则主要调整______总成。调整方法：______。

3．离合器液压系统中空气的排放

离合器液压操纵系统在经过检修之后，管路内可能进入空气；在添加制动液时也可能使液压系统中进入空气。空气的进入使液压系统有一定______，缩短了主缸推杆行程即踏板工作行程，从而使______。因此，液压系统检修后或怀疑液压系统进入空气时，就要排除______。排除方法如下所述。

（1）______，以便排完气后，制动液还在规定的范围内，然后升起汽车。

（2）在工作缸（离合器分泵）的______安装一软管，其另一端接到一个干净的容器内。

（3）排空气需要两个人配合工作，一人______。

（4）排气完毕后，______。

（5）空气排除干净之后，需要再次检查及调整踏板自由行程。

三、离合器的检修

1．从动盘的检查

（1）目视检查（见图 2-30），看从动盘摩擦片是否____。

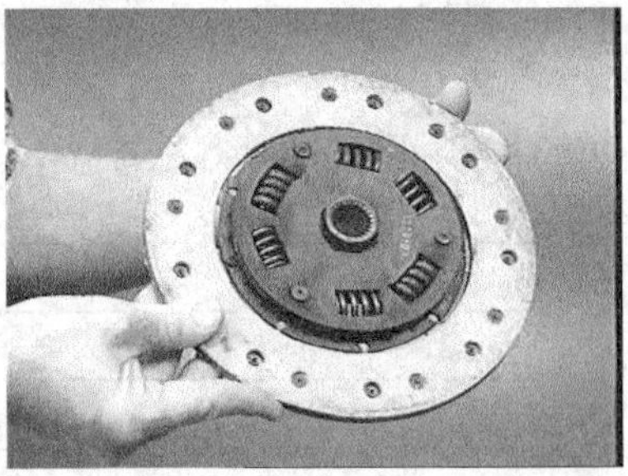

图 2-30 __________

（2）用百分表检查从动盘的端面圆跳动。在距从动盘外边缘__________mm 处测量，离合器从动盘最大端面圆跳动为__________mm。

（3）检查从动盘摩擦片的磨损程度。摩擦片的磨损程度可用__________进行测量。铆钉头埋入深度应不小于__________mm。

注意：检查的是铆钉头的深度，即浅处的深度。

2．压盘的检查

（1）目测检查压盘表面，应无__________________等表面缺陷。

（2）用刀口尺及塞尺检查离合器压盘平面度，其平面度__________________。

（3）用手钳或者锤子检查压盘的隔膜簧铆钉__________________。

3．膜片弹簧的检查

（1）用游标卡尺测量膜片弹簧与分离轴承接触部位磨损的深度和宽度。深度应小于__________ mm，宽度应小于__________mm。

（2）用专业工具盖住弹簧分离指内端（小端），然后__________________与专用工具之间的间隙。弹簧内端应在同一平面内，间隙不应超过__________mm。否则，用维修工具将变形过大的弹簧分离指翘起以进行调整。

4．分离轴承的检查

用手固定分离轴承内圈，转动外圈，____。

5．飞轮的检查

（1）用百分表检测飞轮端面圆跳动：将__________吸附在发动机机体上，百分表表针抵在飞轮的最外圈，转动飞轮，测量飞轮的端面圆跳动，其值应小于__________mm。

（2）手动检查飞轮上的轴承：用手转动轴承，____。

6．离合器操纵机构的检查

（1）液压式离合器操纵机构，应检查__________________，踩下离合器踏板时，离合器分泵应推动良好，否则需检查离合器总泵、油管、分泵情况。如有漏油等现象应更换。

（2）检查分离拨叉、__________________有无磨损、变形等现象，如有应修复或更换。

四、常见故障原因及排除方法

离合器常见的故障：离合器打滑、离合器发抖、离合器分离不彻底、离合器异响等。

1．离合器打滑

（1）现象。汽车用低速挡起步时，放松离合器踏板后，汽车不能灵敏起步或起步困难；汽车加速行驶时，车速不能随发动机转速的提高而提高，感到行驶无力，严重时产生焦臭味或出现冒烟等现象。

（2）原因及排除方法是什么？

①______

②______

③______

______

④______

⑤______

______

2．分离不彻底

（1）现象。发动机怠速运转时，踩下离合器踏板，挂挡有齿轮撞击声，且难以挂入；如果勉强挂上挡，则在离合器踏板尚未完全放松时，发动机熄火。

（2）原因及排除方法是什么？

① ______

______。

② 离合器踏板自由行程过大。调整踏板的自由行程。

③ 从动盘______。

④ 新换的摩擦片太厚或从动盘正反装错。应更换或重新装配。

⑤ ______

______。

3．离合器发抖

（1）现象。______。

（2）原因及排除方法。

① 从动盘翘曲变形、有油污、烧焦、表面不平整、硬化、铆钉头露出、铆钉松动、减震弹簧损坏，应维修或更换。

② ______。

③ 压盘总成的压紧弹簧______

______。

4．离合器异响

（1）现象。离合器分离或接合时发出不正常的响声。

（2）原因及排除方法是什么？

① ______

______。

② 分离轴承缺少润滑剂，造成干磨或轴承损坏。检查或更换分离轴承。

③ ____
____。

④ ____。

【任务考核】

LZ1010 离合器就车拆装考核评分表

时间：30 分钟　　　　　　　　　　　　　　　　　　　　　任课教师签字：

序号	考核内容	配分	评分标准	考核记录	扣分	得分
一	考前准备	2	备齐所需的工、量具及设备			
二	离合器的拆卸（30 分）	3	拆卸蓄电池负极、起动机			
		3	拆卸曲轴位置传感器里程表线、倒挡开关线			
		2	拆传动轴和其他连接件			
		15	卸下传动轴和变速器			
		7	拆卸离合器压盘总成、摩擦片			
三	离合器的安装（40 分）	2	清洁各零部件			
		15	安装摩擦片、离合器压盘总成			
		10	安装变速器			
		3	拧紧变速器固定螺栓			
		2	装传动轴			
		3	安装其他连接件			
		5	调整离合器的行程			
四	任务一基础知识填空	20	回答正确、书写工整、按时全部完成			
五	职业素养（8 分）	4	课堂纪律			
		2	文明操作			
		2	工具及设备的整齐、清洁度			
六	时间要求		每超 1 分钟扣 1 分，超过 10 分钟者不予及格			
合计		100				

【综合实训】

汽车在起步时，离合器踏板抬得很高才能勉强起步；汽车行驶中发动机加速时，车速却不能随之提高；满载上坡时，打滑比较明显，严重时还能闻到摩擦片产生的焦臭味。请根据所学知识分析其故障发生的原因并制订解决方案，根据方案排除故障。（限机械部分）

一、知识链接（故障相关的知识点）

1．离合器相关理论知识。

2．离合器零部件的拆装检修。

3．故障分析：汽车用低速挡起步时，放松离合器踏板后，汽车不能灵敏起步或起步困难，汽车加速行驶时，车速不能随发动机转速的升高而提高，感到行驶无力，严重时产生焦臭味或冒烟等现象，主要原因为离合器打滑。

二、故障点检查

1．离合器自由行程的测量。

2．离合器的检修。

（1）从动盘的检查。

（2）压盘的检查。

（3）膜片弹簧的检查。

（4）分离轴承的检查。

3．根据客户陈述检查各故障点并按要求填写车辆检查问诊单。

车辆检查问诊单

<table>
<tr><td>客户姓名</td><td></td><td>车牌</td><td colspan="3"></td></tr>
<tr><td>客户电话</td><td></td><td>车型</td><td colspan="3"></td></tr>
<tr><td>维修顾问</td><td></td><td>车架号</td><td colspan="3"></td></tr>
<tr><td>预计交车时间</td><td></td><td>行驶里程数</td><td></td><td>燃油表显示</td><td></td></tr>
<tr><td colspan="2">外观确认：
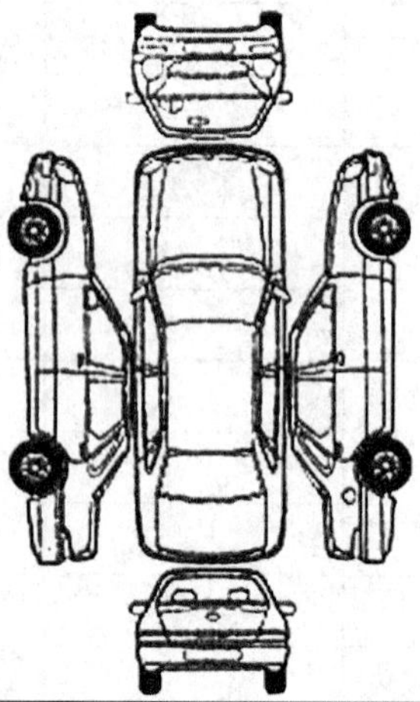
○ 划伤
□ 擦伤
◇ 碰伤
△ 凹陷
◉ 脱落</td><td colspan="4">仪表故障信息：

其他：</td></tr>
<tr><td>客户陈述故障</td><td colspan="5"></td></tr>
<tr><td>报检项目</td><td colspan="5"></td></tr>
<tr><td>建议维修项目</td><td colspan="5"></td></tr>
<tr><td>客户签字</td><td></td><td>服务顾问签字</td><td colspan="3"></td></tr>
</table>

三、制订计划

老师将学生分成若干小组，每组 5 人左右，每组选出一个组长，组长负责对组员进行任务分配，组员按照组长的要求完成相应的任务，并将所完成的任务内容填入任务计划表中。

任务计划表

序号	任务	个人任务	完成情况	组长检验结果
1	汽车在起步时，离合器踏板抬得很高才能勉强起步；汽车行驶中发动机加速时，车速却不能随之提高；满载上坡时，打滑比较明显，严重时还能闻到摩擦片产生的焦臭味。请根据所学知识排除相关故障。			
2				
3				
4				
5				

四、检查、修改计划

教师检查学生做的计划，根据要求提出相应的修改计划（如计划做得很完美则无需修改），直接进入下一阶段。

检查、修改后任务计划表

序号	任务	个人任务	完成情况	教师检验结果
1	汽车在起步时，离合器踏板抬得很高才能勉强起步；汽车行驶中发动机加速时，车速却不能随之提高；满载上坡时，打滑比较明显，严重时还能闻到摩擦片产生的焦臭味。请根据所学知识排除相关故障。			
2				
3				
4				
5				

五、实施

（一）教学准备

1. 一体化实训场地准备：工作台、发动机、教学用整车。
2. 工具准备：拆装工具套装、测量工具。
3. 资料准备：教学课件、视频资料、维修手册、网络教学资源。

（二）填写维修卡

根据检查的结果制订维修方案并按要求填写维修卡。

维修卡

服务专员		日期		制单人员	
工单号		进厂日期		发动机号	
车主		车主电话		车架号（VIN）	
地址					
车牌号		车型			
检查结果					
维修方案	1．拆装：				
	2．维修：				
	3．更换：				
维修人员签字		组长签字		指导教师签字	

（三）填写维修工单

根据维修方案排除故障并按要求填写维修工单。

维修工单

服务专员		日期		制单人员	
工单号		进厂日期		发动机号	
车主		车主电话		车架号（VIN）	
地址					
车牌号		预定交车时间		质检	
车型		路试		洗车	
维修类别		进厂里程		保修结束里程	
维修项目	维修内容		工时	单价	金额
1．拆装					
2．修复					
3．喷漆					
4．更换					
5．机修					
6．四轮定位					
客户签字		维修技师签字		洗车技师签字	
		终检签字		维修经理签字	

六、评估效果

评价内容及评分标准		自我评价（打分）	小组相互评价（打分）	教师评价（打分）
信息收集（15 分）	理解任务或问题的程度（5 分）			
	收集信息的完整性（5 分）			
	对信息（知识）的领会性（5 分）			
制订计划（20 分）	计划制订参与程度（10 分）			
	计划的合理性及实用性（10 分）			
修改计划（15 分）	和老师讨论计划（5 分）			
	和老师讨论后，是否知道如何改进计划（5 分）			
	计划修改后的完整性（5 分）			
实施（20 分）	是否按计划进行工作（5 分）			
	是否亲自实施计划（5 分）			
	是否记录工作过程及结果（10 分）			
检查（15 分）	是否按计划的要求去完成任务（5 分）			
	是否达到预期目标（5 分）			
	整个工作流程是否与标准流程符合（5 分）			
评价（15 分）	按计划是否完成了任务或解决了问题（5 分）			
	在哪个环节上可以改进（2 分）			
	学习团队的合作情况（3 分）			
	现场 5S 及劳动纪律（5 分）			
总分				
总评				

任务二 变速器的构造与工作原理

【基础知识填空】

1．变速器的作用是什么？

（1）____。

（2）____。

（3）____。

2．按传动比的变化方式不同，变速器可分为______________________________3 种。

（1）有级式变速器采用齿轮传动，具有______________________________________。

（2）无级式变速器的传动比可在一定的范围内连续变化，常见有____________________。

（3）综合式变速器传动比可在____________________________之间的几个间断范围内进行

无级变化。由________________共同组成。

3．按换挡操纵方式的不同，变速器可分为________________3 种。

4．变速器由________________两大部分组成。

5．三轴五挡变速器有 5 个前进挡和一个倒挡，由________________________________。

6．三轴五挡变速器动力传递路线是什么？

（1）一挡的动力传递路线（见图 2-31）：________________________________。

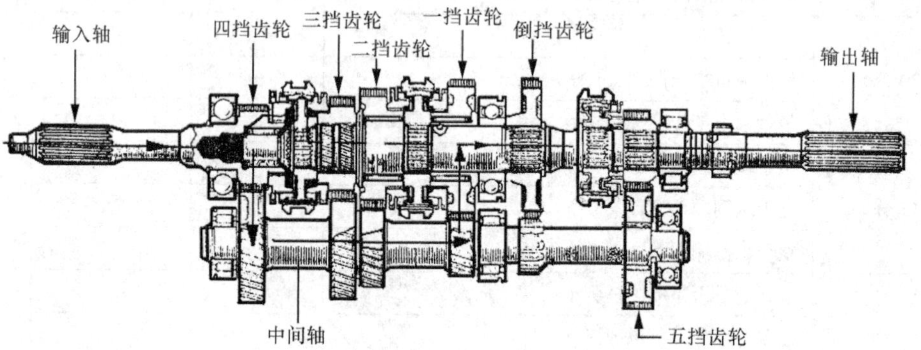

图 2-31 ________

（2）二挡的动力传递路线（见图 2-32）：________________________________。

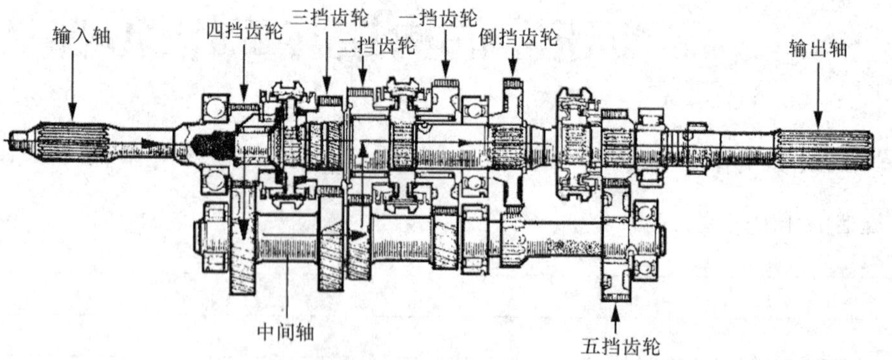

图 2-32 ________

（3）三挡的动力传递路线（见图 2-33）：________________________________。

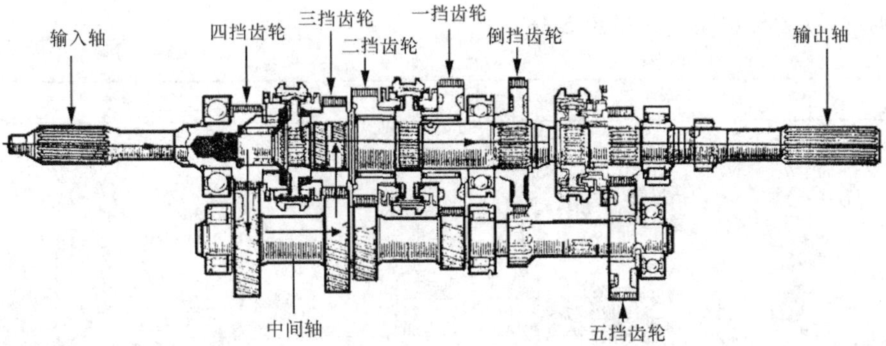

图 2-33 ____________

（4）四挡的动力传递路线（见图 2-34）：____

____

____。

此挡为直接挡，即发动机的转速和输出轴输出的转速是一样的。

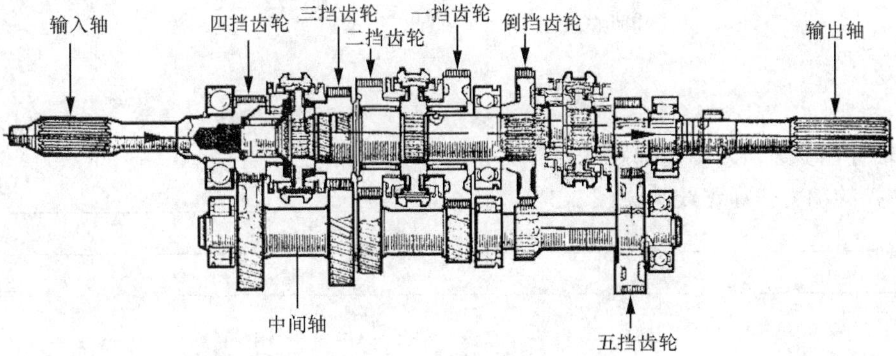

图 2-34 ____________

（5）五挡的动力传递路线（见图 2-35）：____

____

____。

微型车的五挡为超速挡，即变速器输出轴输出的转速比发动机的转速高。

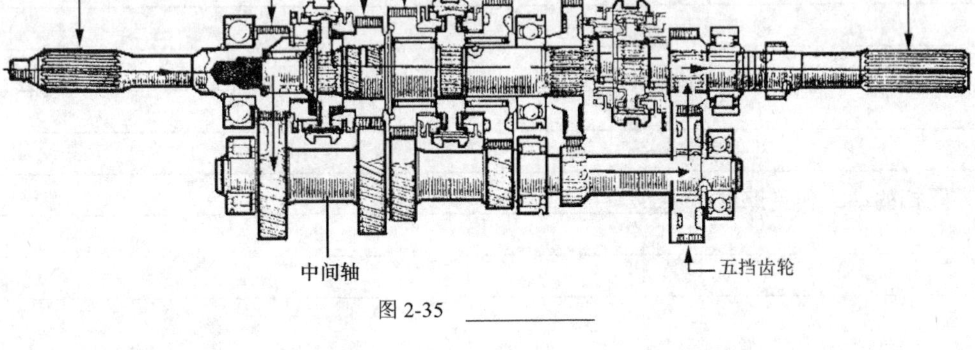

图 2-35 ____________

（6）倒挡的动力传递路线（见图 2-36）：______________________________

____

____。

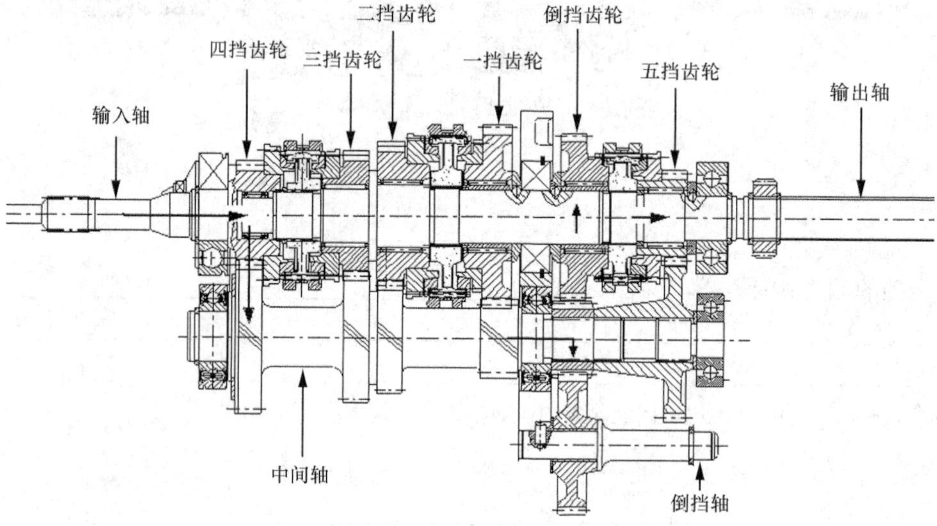

图 2-36 __________

7. 二轴五挡变速器动力传递路线是什么？

（1）一挡的动力传递路线（见图 2-37）：______________________________

____

____。

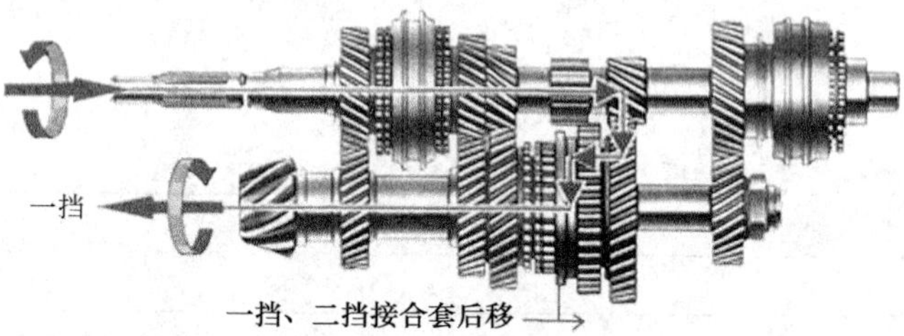

图 2-37 __________

（2）二挡的动力传递路线：______________________________

____

____。

（3）三挡的动力传递路线（见图 2-38）：______________________________

____

____。

（4）四挡的动力传递路线：______________________________

____

____。

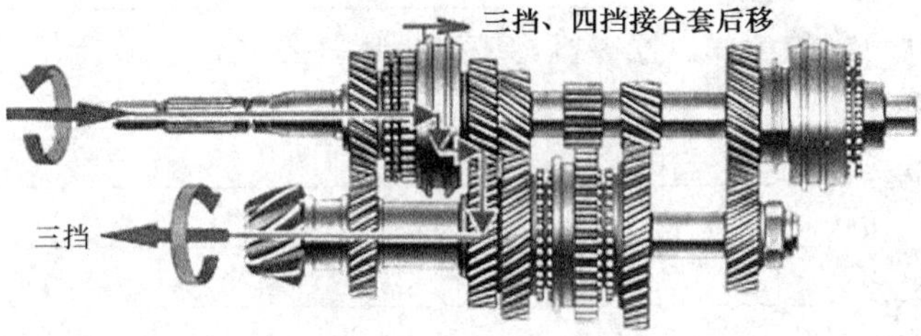

图 2-38 ____________

（5）五挡的动力传递路线（见图 2-39）：____。

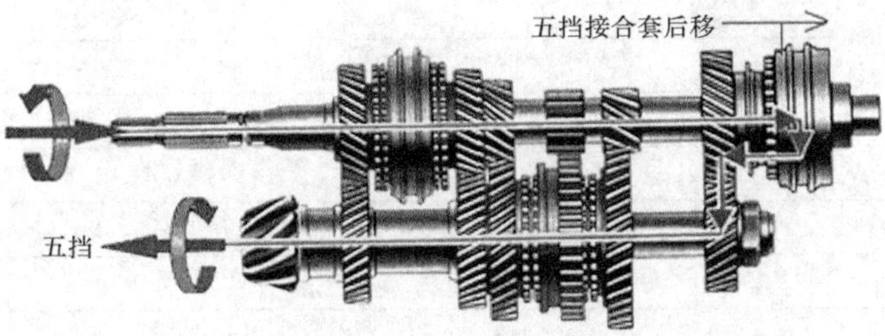

图 2-39 ____________

（6）倒挡的动力传递路线（见图 2-40）：____。

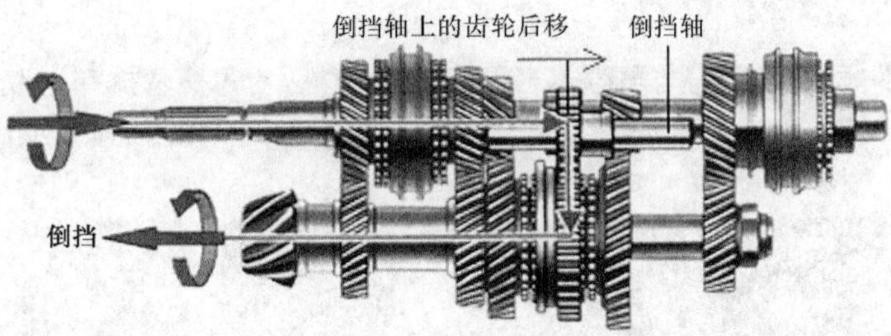

图 2-40 ____________

8．同步器由____组成。

9．同步器的作用是____。

10．目前常用的有惯性式同步器，它包括______________________________。

11．同步器的工作原理是____。

12．变速器操纵机构的作用是____________________________________。

13．为了使变速器可靠的工作，操纵机构应满足哪些要求。

（1）设有自锁装置，防止____________________________________。

（2）设有互锁装置，保证____________________________________。

（3）设有倒挡锁，防止____________________________________。

14．变速器操纵机构分______________________________两种。

15．选挡换挡机构由______________________________和拨叉等组成。

16．外部操纵机构的组成是从变速杆到____________________的所有传动件。

17．内部操纵机构由选挡换挡轴、拨叉轴、拨叉、____________________等组成。

18．锁止机构的作用是____________________________________。

19．自锁机构工作原理是____________________________________

____

____。

20．互锁机构工作原理是____________________________________

____

____。

21．倒挡锁是由____________________________________组成的。倒挡锁的作用是____________________________________。

【实践操作训练】

一、变速器换挡练习。从一挡开始，逐个挡位变换练习。要求掌握好力度与换挡的距离。

二、补全柳州五菱465变速器的拆卸步骤，并在实训车间完成实际操作。

（1）拆卸放油螺塞并放油，用专用容器存放放出的变速器齿轮油，如图2-41所示；卸下分离轴承：拆卸变速器前端盖螺栓，注意____________________拆卸，如图2-42所示。

（2）用套筒扳手拆下换挡箱紧固螺栓，注意拆螺栓时应对角交替拆卸。取出换挡箱总成，如果粘得较紧可用一字螺丝刀____________________，如图2-43所示。

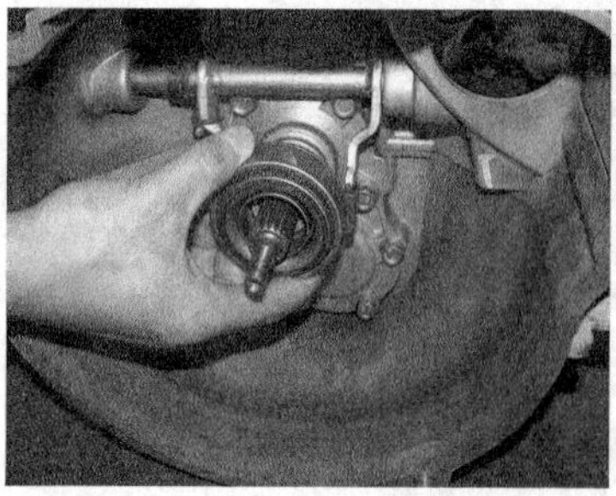

图2-41 __________

图2-42 __________

图2-43 __________

（3）拆下延伸箱螺栓，取出延伸箱总成，如图2-44所示。注意拆螺栓时应对角交替拆卸（见图2-45），如果粘得较紧可用一字螺丝刀轻轻撬开。

图 2-44 ____________

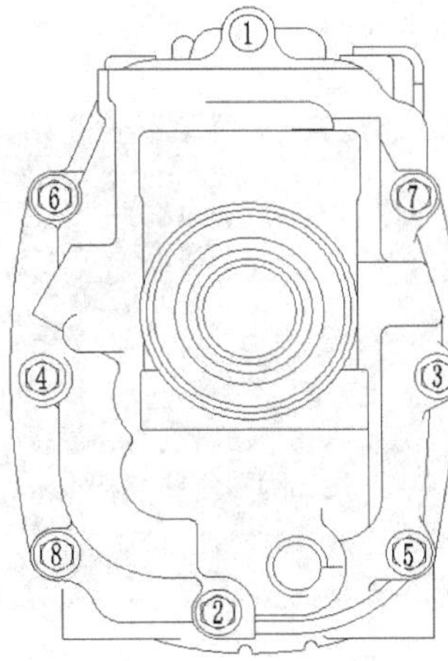

图 2-45 ____________

（4）取出倒挡齿轮、倒挡轴等零部件件，如图 2-46 所示。注意______________________________。

图 2-46 ____________

（5）用套筒扳手按图 2-47 所示顺序将变速器上盖的螺栓拆下。

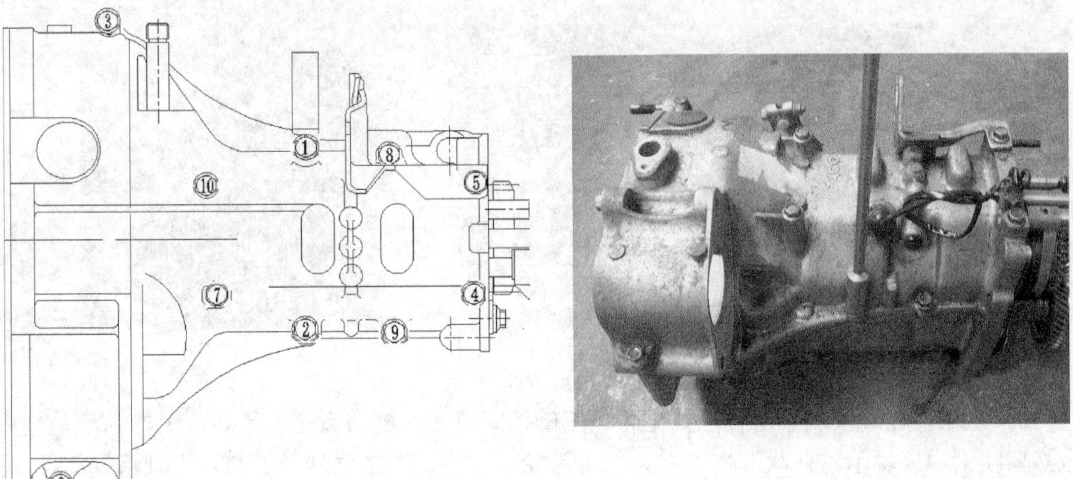

图 2-47 ____________

（6）取出输入、输出轴组件，如图 2-48 所示。

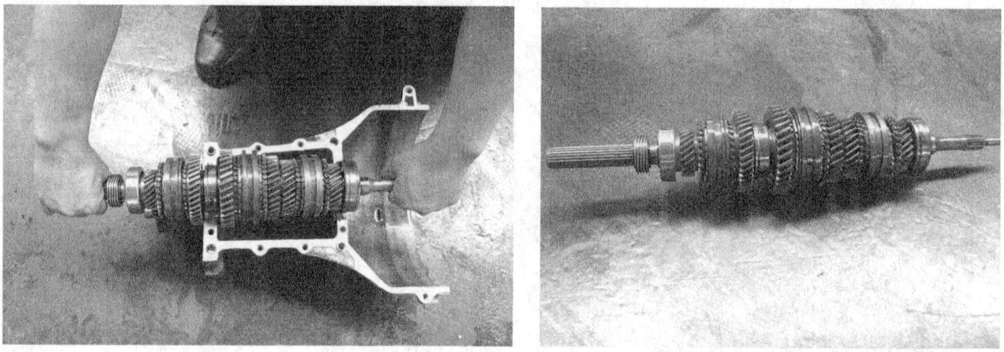

图 2-48 ____________

（7）用______________________________拆下定位卡圈，如图 2-49 所示。
（8）用______________________________将轴承取出，如图 2-50 所示。

图 2-49 ____________

图 2-50 ____________

（9）拆卸输入轴，三挡、四挡同步器总成、同步器齿环，如图 2-51 所示。

图 2-51 ____________

（10）从输出轴端依次取出各五挡齿轮、五倒挡同步器、倒挡齿轮、齿环、滚针轴承、垫片。用拉拨器拉出中间轴承，依次取出一挡、二挡齿轮、一挡、二挡同步器、齿环、轴承等部件，并按顺序摆放，如图 2-52 所示。注意______________________________。

图 2-52 ____________

三、补全变速器的安装步骤，并在实训车间完成实际操作。

（1）清洁所有的零部件，并用压缩空气将其吹干。准备好洁净的齿轮油。在变速器的安装过程中，凡是有相对转动的部位都要加齿轮油。

（2）安装滚针轴承，二挡齿轮，一挡、二挡同步器，一挡齿轮，用____________________压装中间轴承；安装倒挡齿轮、五/倒挡同步器、五挡齿轮、垫片；压装后轴承、安装速度计蜗杆、卡簧。

注意各齿轮与轴承之间的间隙应在____________mm之间，如图2-53所示。

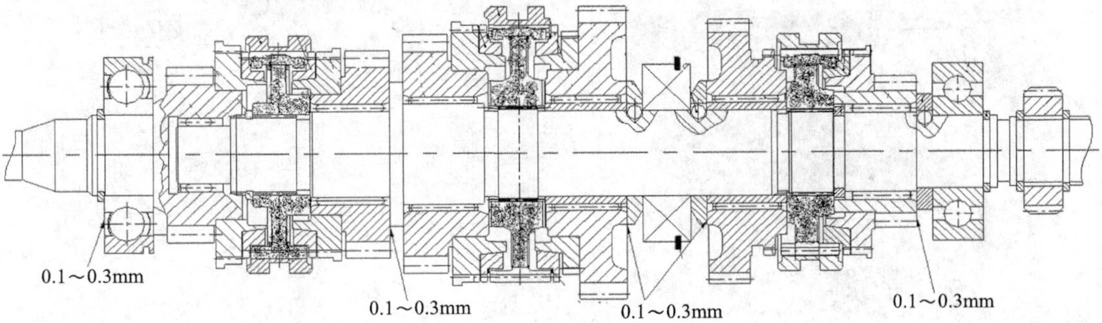

图 2-53 ____________

（3）安装滚针轴承，三挡齿轮，齿环，三挡、四挡同步器，卡环，卡环要用____________安装，如图2-54所示。

图 2-54 ____________

（4）安装输入轴内滚针轴承，将输入轴和输出轴连接起来，装入变速器下箱体中，如图2-55

所示。

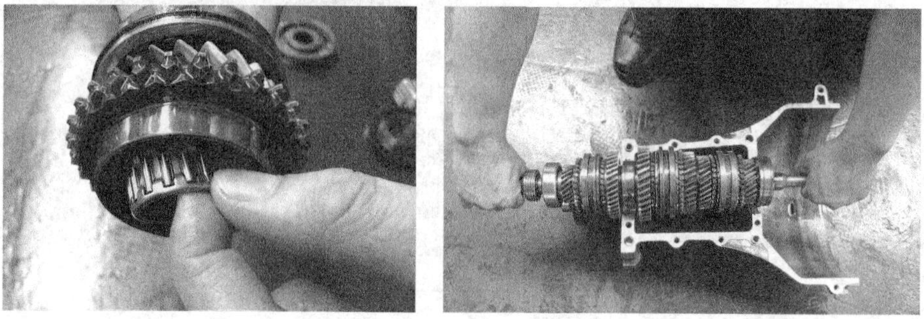

图 2-55 ____________

（5）安装变速器上盖。将拨叉轴放在空挡的位置，箱体对准定位销孔后垂直安装。按图 2-56 所示顺序拧紧上箱体螺栓。注意螺栓的长度要适当。螺栓拧紧力矩为____________ N·m。

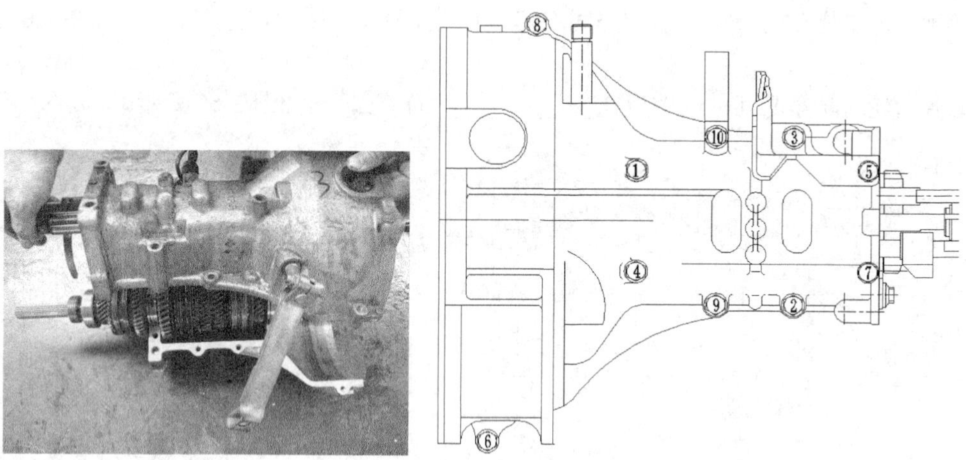

图 2-56 ____________

（6）安装倒挡齿轮、倒挡轴等零部件，如图 2-57 所示。注意______________________________。

图 2-57 ____________

（7）安装延伸箱总成，安装时应将其垂直放置，注意后轴承的安装位置，按图 2-58 所示顺序拧紧延伸箱螺栓。注意螺栓的长度要适当。螺栓拧紧力矩为 18～26 N·m。

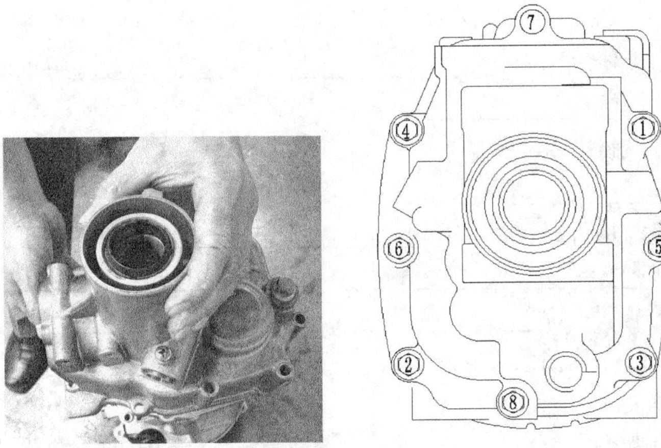

图 2-58 ____________

（8）安装换挡箱总成，注意换挡拨叉应垂直朝下放置，拧紧换挡箱各螺栓，拧紧时应____________拧紧，拧紧力矩为 18～26 N·m，如图 2-59 所示。

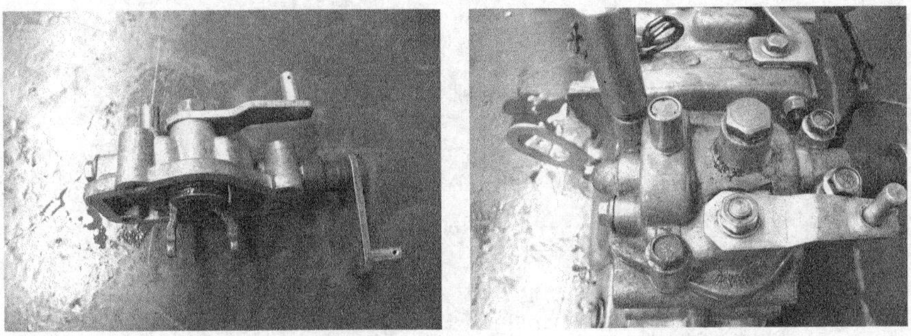

图 2-59 ____________

（9）安装变速器前端盖，拧紧螺栓后安装分离轴承，注意拧紧螺栓时要____________拧紧，力矩为 18～26 N·m，如图 2-60 所示。

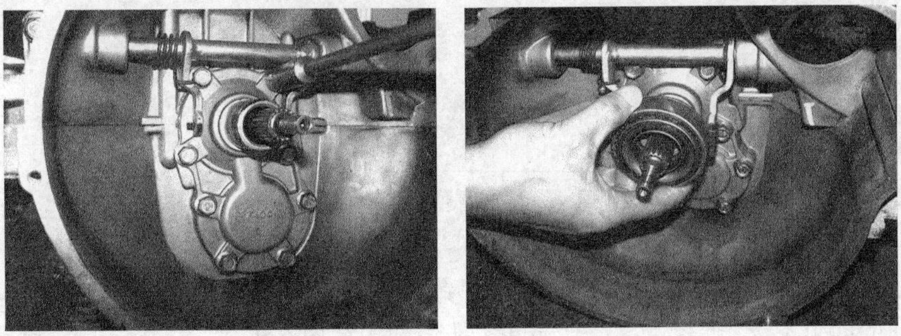

图 2-60 ____________

四、变速器各零部件的检测

1．检查变速器主要部件

变速器主要检查的零部件有：检查输入轴组件；检查中间轴组件；检查输出轴组件；检查齿轮和同步器齿环；检查同步器组件；拨叉、拨叉轴。

2．检查输入轴组件

① 目测检查输入轴齿轮表面有无________________等现象，若有上述一种情况，则必须________________。

② 目测检查输入轴花键有无________________若有上述任一种情况，则必须________________。

③ 用手转动轴承感觉是否灵活、是否________________。

④ 用花键环规检查________________。

⑤ 检查输入轴内孔轴承孔位________________。

⑥ 用千分尺测量轴颈，其轴颈尺寸应符合________________。

3．检查中间轴组件

① 目测检查中间轴齿轮________________和齿面胶合等现象，若有上述任一种情况，则必须更换中间轴。

② 用手转动轴承，应________________现象，若轴承转动不灵活或有卡滞现象，则必须更换轴承。

4．检查输出轴组件

① 用花键环规检查输出轴花键________________，若有，则必须更换输出轴。

② 目视检查输出轴，输出轴不应有裂纹，轴径及花键不应有________________，轴上的齿轮不应有________________，否则应更换。

③ 用百分表检查轴的径向圆跳动，测量值不应超过________mm，否则应更换或校正。

④ 用千分尺测量轴颈，其轴颈应符合原厂要求。

5．检查齿轮和同步器齿环

① 将同步器齿环贴合在配对的齿轮锥面上，用________________的间隙，应在________ mm之间，极限间隙为________ mm。

② 检查齿轮外锥面和齿环内锥面的磨损情况，若有异常磨损，则必须更换零件。

③ 在锥面上________________，转动同步器齿环，检查________________，结合面的面积应在________________以上。

6．检查同步器组件

① 检查同步器组件的滑动灵活性，若有________________应修复或更换。

② 同步器滑块应无磨损现象，在滑槽内应________________；内卡环弹性良好，花键毂、锁环、接合套齿应无________________。

③ 在不安装弹簧和滑块的情况下，齿毂依靠自身的重力应能________________。

7．检查拨叉、拨叉轴

目测检查，拨叉应无严重磨损、变形现象，拨叉与接合套的间隙不大于________mm。拨叉轴与轴孔的间隙不大于________mm，拨叉轴的弯曲不大于________mm。如果不正常则需校正或更换。

8．密封件的检测

检测各密封件的________________，如不正常应更换。

9．变速器壳体部位的检查

① 壳体结合面应________________，如有则应更换接合面的垫片或者加密

封胶。

② 变速器前后油封应无____________________，如有则应更换油封。

③ 变速器壳体____________________，如有则应更换。

10．变速器操纵机构的检查

① 操纵杆应无____________________，如有则应修复或更换。

② 操纵杆球头应无____________________现象，如有则应修复或更换。

③ 挂挡拉线应活动自如，无____________________现象，如有则应维修或更换。

五、变速器常见故障诊断与排除

变速器常见故障有：变速器异响、变速器跳挡、变速器乱挡、变速器挂挡困难和变速器漏油。

1．变速器异响

变速器异响分__________和__________。

（1）空挡异响

现象：发动机怠速运转，变速器处于空挡时有异响，踩下离合器踏板异响消失。

原因：

① ____；

② ____；

③ 经常啮合的齿轮磨损过度、____________________________。

（2）挂挡后异响

现象：汽车行驶时，变速器发出不正常响声，且随着车速的增加而提高。

原因：

① ____；

② ____；

③ ____。

④ 同步器磨损或损坏。

故障排除：

① ____；

② 空挡有响声时，踩下离合器，声音消失则为飞轮后轴承、____；

③ 挂上某一挡位有异响时，______________________________；

④ 变速器工作突然有异响时，____________________________；

⑤ 换挡异响时，先检查离合器操纵机构____。

2．变速器跳挡

现象：汽车行驶时，变速杆自动从某挡跳回空挡。

原因：

（1）自锁装置的凹槽、______________________________；

（2）同步器接合套__________________________________；

（3）操纵机构变形、松旷等，____________________________；

（4）____；

（5）相啮合的齿轮、____。

故障排除：

（1）检查变速器操纵挂挡杆____

____；

（2）挂上某挡位跳挡时，拆下变速器盖，检查____

____；

（3）拆下变速器挂挡轴，检查____

____。

3．变速器乱挡

现象：在离合器分离彻底的情况下，汽车在起步挂挡或行驶中换挡时，挂不上所需要的挡位；或挂挡后不能退回空挡；车辆静止时同时挂上两个挡位。

原因：

（1）____；

（2）____。

故障排除：

（1）____；

（2）____。

4．变速器挂挡困难

现象：不能顺利挂挡，或挂上挡后摘不下来。

原因：

（1）____；

（2）____；

（3）____；

（4）____；

（5）____。

故障排除：

（1）检查____；

（2）检查____；

（3）检查____；

（4）检查____。

5．变速器漏油

现象：变速器的外表漏油或有油污。

原因：

（1）____；

（2）____；

（3）____；

（4）____。

【任务考核】

三轴五挡变速器的拆装考核评分表

时间：30 分钟　　　　任课教师签字：

序号	考核内容	配分	评分标准	考核记录	扣分	得分
一	考前准备	2	备齐所需的工、量具及设备			
二	变速器的拆卸（35 分）	2	拆放油螺栓，放油，拆卸分离轴承、前端盖			
		4	拆卸换挡箱总成			
		5	拆延伸箱、倒挡齿轮			
		8	拆卸变速器上盖			
		4	拆卸输出轴总成、输入轴总成			
		12	分解输出轴上的零部件			
三	变速器的安装（45 分）	2	清洁各零部件			
		18	安装输出轴总成、输入轴总成			
		10	安装变速器上盖，拧紧螺栓			
		5	安装倒挡齿轮、延伸箱并拧紧螺栓			
		5	安装换挡箱总成，拧紧螺栓			
		3	安装前端盖、拧紧螺栓；分离轴承			
		2	安装放油螺栓，加注齿轮油			
四	任务二基础知识填空	10	回答正确、书写工整、按时全部完成			
五	职业素养（8 分）	3	课堂纪律			
		3	文明操作			
		2	工具及设备的整齐、清洁度			
六	时间要求		每超 1 分钟扣 1 分，超过 10 分钟者不予及格			
合计		100				

【综合实训】

任务引入

刘先生开了五年的五菱小旋风货车，最近在行驶过程中变速杆总是自动从三挡跳回空挡，而且上坡时跳回空挡的频率比较频繁。请根据所学知识分析其故障发生的原因并制订解决方案，根据方案排除故障。

一、知识链接（故障相关的知识点）

1．变速器相关理论知识。

2．变速器零部件的拆装检修。

3．故障分析：汽车行驶时，变速杆自动从某挡跳回空挡。主要原因有：（1）变速器自锁装置有问题；（2）同步器接合套松旷、磨损；（3）操纵机构变形、松旷等；（4）轴、轴承磨损松旷；（5）相啮合的齿轮、齿套磨损严重。

二、故障点检查

1．变速器操纵机构的检查。

2．自锁机构的检查。

3．变速器零部件检查。

（1）检查输入轴组件。

（2）检查中间轴组件。

（3）检查输出轴组件。

（4）检查齿轮和同步器齿环。

（5）检查同步器组件。

（6）检查拨叉、拨叉轴。

（7）检查密封件。

4．根据客户陈述检查各故障点并按要求填写车辆检查问诊单。

车辆检查问诊单

<table>
<tr><td>客户姓名</td><td></td><td>车牌</td><td colspan="3"></td></tr>
<tr><td>客户电话</td><td></td><td>车型</td><td colspan="3"></td></tr>
<tr><td>维修顾问</td><td></td><td>车架号</td><td colspan="3"></td></tr>
<tr><td>预计交车时间</td><td></td><td>行驶里程数</td><td></td><td>燃油表显示</td><td></td></tr>
<tr><td colspan="2">外观确认：
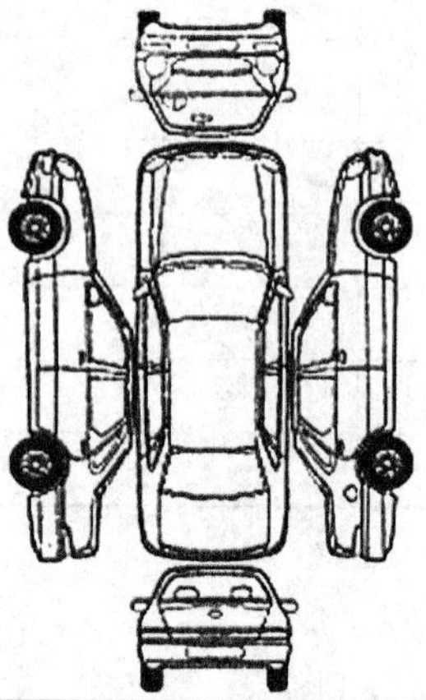
○ 划伤
□ 擦伤
◇ 碰伤
△ 凹陷
● 脱落</td><td colspan="4">仪表故障信息：

其他：</td></tr>
<tr><td>客户陈述故障</td><td colspan="5"></td></tr>
<tr><td>报检项目</td><td colspan="5"></td></tr>
<tr><td>建议维修项目</td><td colspan="5"></td></tr>
<tr><td>客户签字</td><td></td><td>服务顾问签字</td><td colspan="3"></td></tr>
</table>

三、制订计划

老师将学生分成若干小组，每组 5 人左右，每组选出一个组长，组长负责对组员进行任务分配，组员按照组长的要求完成相应的任务，并将所完成的任务内容填入任务计划表中。

任务计划表

<table>
<tr><th>序号</th><th>任务</th><th>个人任务</th><th>完成情况</th><th>组长检验结果</th></tr>
<tr><td>1</td><td rowspan="5">刘先生开了五年的五菱小旋风货车，最近在行驶过程中变速杆总是自动从三挡跳回空挡，而且上坡时跳回空挡的频率比较频繁。请根据所学知识排除相关故障。</td><td></td><td></td><td></td></tr>
<tr><td>2</td><td></td><td></td><td></td></tr>
<tr><td>3</td><td></td><td></td><td></td></tr>
<tr><td>4</td><td></td><td></td><td></td></tr>
<tr><td>5</td><td></td><td></td><td></td></tr>
</table>

四、检查、修改计划

教师检查学生做的计划，根据要求提出相应的修改计划（如计划做得很完美则无需修改），直接进入下一阶段。

检查、修改后任务计划表

<table>
<tr><th>序号</th><th>任务</th><th>个人任务</th><th>完成情况</th><th>教师检验结果</th></tr>
<tr><td>1</td><td rowspan="5">刘先生开了五年的五菱小旋风货车，最近在行驶过程中变速杆总是自动从三挡跳回空挡，而且上坡时跳回空挡的频率比较频繁。请根据所学知识排除相关故障。</td><td></td><td></td><td></td></tr>
<tr><td>2</td><td></td><td></td><td></td></tr>
<tr><td>3</td><td></td><td></td><td></td></tr>
<tr><td>4</td><td></td><td></td><td></td></tr>
<tr><td>5</td><td></td><td></td><td></td></tr>
</table>

五、实施

（一）教学准备

1. 一体化实训场地准备：工作台、发动机、教学用整车。
2. 工具准备：拆装工具套装、测量工具。
3. 资料准备：教学课件、视频资料、维修手册、网络教学资源。

（二）填写维修卡

根据检查的结果制订维修方案并按要求填写维修卡。

维修卡

服务专员		日期		制单人员	
工单号		进厂日期		发动机号	
车主		车主电话		车架号（VIN）	
地址					
车牌号		车型			
检查结果					
维修方案	1．拆装：				
	2．维修：				
	3．更换：				
维修人员签字		组长签字		指导教师签字	

（三）填写维修工单

根据维修方案排除故障并按要求填写维修工单。

维修工单

服务专员		日期		制单人员	
工单号		进厂日期		发动机号	
车主		车主电话		车架号（VIN）	
地址					
车牌号		预定交车时间		质检	
车型		路试		洗车	
维修类别		进厂里程		保修结束里程	
维修项目	维修内容		工时	单价	金额
1．拆装					
2．修复					
3．喷漆					
4．更换					
5．机修					
6．四轮定位					
客户签字		维修技师签字		洗车技师签字	
		终检签字		维修经理签字	

六、评估效果

评价内容及评分标准		自我评价（打分）	小组相互评价（打分）	教师评价（打分）
信息收集（15分）	理解任务或问题的程度（5分）			
	收集信息的完整性（5分）			
	对信息（知识）的领会程度（5分）			
制订计划（20分）	计划制订参与程度（10分）			
	计划的合理性及实用性（10分）			
修改计划（15分）	和老师怎么讨论计划（5分）			
	和老师讨论后，是否知道如何改进计划（5分）			
	计划修改后的完整性（5分）			
实施（20分）	是否按计划进行工作（5分）			
	是否亲自实施计划（5分）			
	是否记录工作过程及结果（10分）			
检查（15分）	是否按计划的要求去完成任务（5分）			
	是否达到预期目标（5分）			
	整个工作流程是否与标准流程符合（5分）			
评价（15分）	按计划是否完成了任务或解决了问题（5分）			
	在哪个环节上可以改进（2分）			
	学习团队的合作情况（3分）			
	现场5S及劳动纪律（5分）			
总分				
总评				

任务三 万向传动装置的构造与拆装检修

【基础知识填空】

1．万向传动装置的作用是________________________________。

2．万向传动装置由________________________________组成。

3．在汽车上，万向传动装置主要安装在哪几个位置？

（1）________________________________。

（2）________________________________。

（3）________________________________。

（4）________________________________。

（5）________________________________。

4．万向节按其的扭转方向上是否有明显弹性可分为：刚性万向节和挠性万向节。刚性万向节又可分为________________________________

________________________________。

5．十字轴式万向节的基本组成是________________________________

____。

6．球笼式万向节主要由________________等组成。

7．球叉式万向节，主、从动叉分别与________________。两叉各有 4 个曲面凹槽，组装后构成的两个相交环槽成为 4 个传动钢球的滚道。两叉中心的凹槽内放置中心定心钢球。

8．挠性万向节由________________连接而成，依靠橡胶件的弹性变形，能够实现转动轴线的小角度（3°～5°）偏转和________位移，吸收传动系统中的________________。

9．独立悬架驱动桥上的传动轴（半轴），传递动力并靠内侧____。

10．中间支承的传动距离较长时，一般将传动轴分段，____。

【实践操作训练】

一、补全万向传动装置总成的拆装与检修步骤，并在实训车间完成实际操作。

1．万向传动装置总成的就车拆卸（红塔轻卡车型）

（1）用三角木固定好车轮，做好________记号，拆下传动轴凸缘座紧固螺栓。

（2）小心从花键套中取出________________。

2．万向传动装置总成的拆卸

（1）用________取出十字轴上的卡环，用________支撑住传动轴总成。

（2）用锤子轻敲凸缘座的________，将滚针轴承座震出来。将传动轴转过________，用同样的方法将凸缘叉座的另一________________震出，取下凸缘叉座。注意不能敲击________________。

3．万向传动装置的安装

万向传动装置总成的装复应按拆卸时相反的顺序进行，但要注意以下几点。

（1）拆卸前在传动轴上做好装配记号，安装时________________连接滑动叉，再将万向节凸缘座与主减速器凸缘座连接，紧固螺栓。

（2）十字轴上的________要朝向传动轴，以便加注黄油及保持传动轴的________。

（3）同一轴上的万向节叉平面应在________________。

（4）中间吊耳的黄油嘴应________________。

4．就车检查万向传动装置总成情况

（1）用手晃动传动轴的一端，应无________________________________。

（2）检查传动轴前段的花键槽________________________________。

（3）检查万向传动装置的动平衡块情况，________________________________。

（4）检查中间支承的橡胶垫环____。

（5）球笼式等速万向节应检查____。

5．传动轴各部件的检测

（1）检查传动轴轴管有无________________________________。

（2）传动轴的径向跳动的检测：将传动轴放在中心架上，____。

（3）万向节叉、十字轴及轴承的检查。

① 当十字轴轴颈表面有________________或滚针压痕深度在________mm以上时，应更换。

② 当滚针轴承的油封失效、________________________________。

③ 十字轴及轴承装入万向节叉后的轴向间隙为________mm；轿车为 0～0.05mm。磨损超过标准值应更换。

（4）用手晃动传动轴花键套与滑动叉花键，应无________________________。

（5）传动轴的动平衡实验检测：在排除上述故障的前提下，传动轴仍不正常工作，应对____。

二、万向传动装置常见故障的诊断与排除

1．传动轴震动与噪声

现象：汽车在行驶过程中，传动轴产生震动并引起车身震动和噪声，其振动频率一般和车速成正比。

原因及排除方法：

（1）____；

（2）____；

（3）____；

（4）____；

（5）____；

（6）____。

2．汽车起步、换挡或变速时的异响

现象：汽车起步、换挡或变速时万向传动装置有“哐当”的响声。

原因及排除方法：

（1）____；

（2）____；

（3）____；

（4）____。

【任务考核】

红塔轻卡万向传动装置就车拆装考核评分表

时间：30 分钟　　　　　　　　　　　　　　　　　　　　　　任课教师签字：

序号	考核内容	配分	评分标准	考核记录	扣分	得分
一	考前准备	2	备齐所需的工、量具及设备			
二	万向传动装置的拆卸（25 分）	5	用三角木固定好车轮，做好装配记号			
		10	拆下传动轴凸缘座紧固螺栓			
		10	取出传动轴总成			

续表

序号	考核内容	配分	评分标准	考核记录	扣分	得分
三	万向传动装置的安装（32 分）	2	清洁各零部件			
		20	安装传动轴总成			
		10	安装传动轴凸缘座紧固螺栓			
四	万向传动装置的检查（23 分）	2	用手晃动传动轴，检查传动轴安装间隙			
		3	检查传动轴轴管有无损伤、裂纹			
		5	检查传动轴前段的花键槽			
		5	检查万向传动装置的动平衡块			
		8	检测传动轴的径向跳动			
五	任务三基础知识填空	10	回答正确，书写工整，按时全部完成			
六	职业素养（8 分）	4	课堂纪律			
		2	文明操作			
		2	工具及设备干净、整齐			
七	时间要求		每超 1 分钟扣 1 分，超过 10 分钟者不予及格			
合计		100				

任务四 驱动桥的构造与拆装检修

【基础知识填空】

1．驱动桥是指____的总称。

2．驱动桥由____和驱动车轮等零部件组成。

3．驱动桥的作用是什么？

（1）____。

（2）____。

（3）____。

（4）____。

4．驱动桥分为____两种。

5．整体式驱动桥的桥壳是整体的，与____________配合作用。半轴套管与主减速器壳刚性连成一体，整个驱动桥通过____________与车架相连，____________________不能在横向平面内做相对运动。

6．断开式驱动桥，当驱动轮采用独立悬架时，两侧的驱动轮分别通____________与车架相连，两车轮可彼此独立地相对于车架____________。与此相对应，主减速器壳固定在车架上，半轴与传动轴通过____________铰接，传动轴又通过万向节与驱动轮铰接。

7．主减速器的作用是____。

8．按齿轮传动副的数目分，主减速器有____________________________。目前，轿车、小型客车、轻型和中型货车一般采用____________________________；大型和重型货车不仅要求较大的主减速比，而且要求较大的离地间隙，故多采用____________________________。

9．按齿轮传动比挡数分，主减速器有____________________________。单速式的传动比是固定的；双速式有供驾驶员选择的两个传动比，以适应不同工作条件。

10．按齿轮传动副的结构形式分，主减速器有____________________________。

① 斜齿圆柱齿轮的特点是____________________________。

② 曲线齿锥齿轮的特点是____________________________。

③ 准双曲面锥齿轮的特点是____________________________。

11．图 2-61 所示为东风 EQ1090E 型汽车的单级主减速器，写出相应零部件的名称。

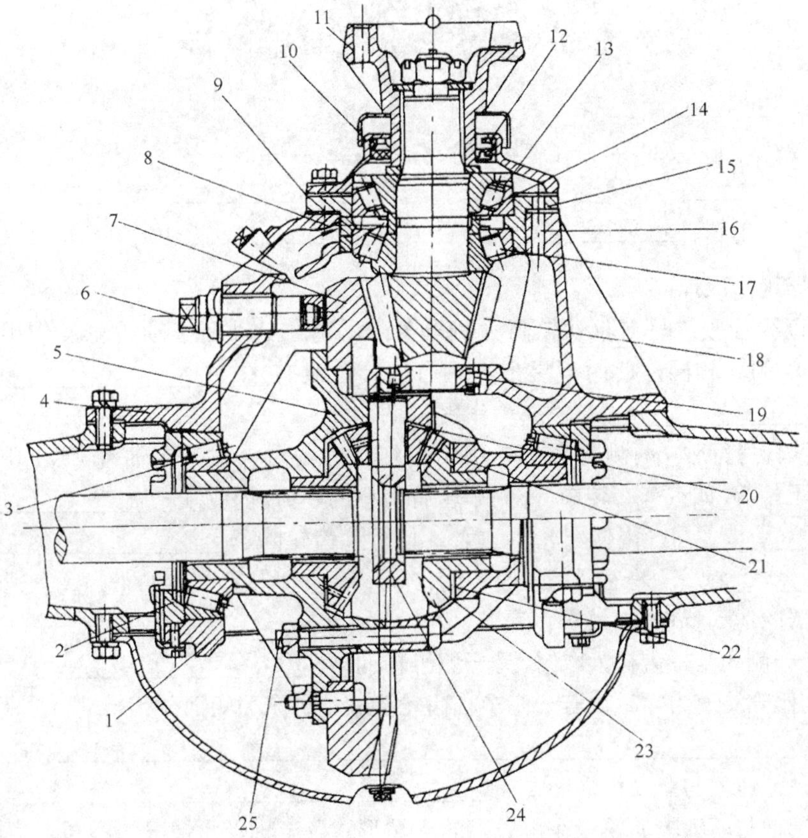

图 2-61 ________

1—________ 2—________ 3、13、17—________ 4—________ 5—________

6—________ 7—________ 8—进油道 9、14—________ 10—防尘罩 11—________

12—油封 15—轴承座 16—回油道 18—________ 19—________ 20—________

21—________ 22—半轴齿轮推力垫片 23—________ 24—行星齿轮轴（十字轴） 25—螺栓

12．锥齿轮啮合的调整包括______________________两个方面。啮合印痕可以通过增减______________________来调整，若增加垫片厚度，主动锥齿轮轴前移，反之后移。齿侧间隙通过拧动两端调整螺母来实现，当一端螺母拧入时，另一端螺母应拧出，即使从动锥齿轮轴发生轴向位移。此时，若使从动锥齿轮靠近主动锥齿轮，则啮合间隙减小，反之增大。值得注意的是：____。

13．汽车差速器是一个差速传动机构，用来保证____。

14．差速器的作用是____。

15．差速器的结构如图 2-62 所示，写出各零部件的名称。

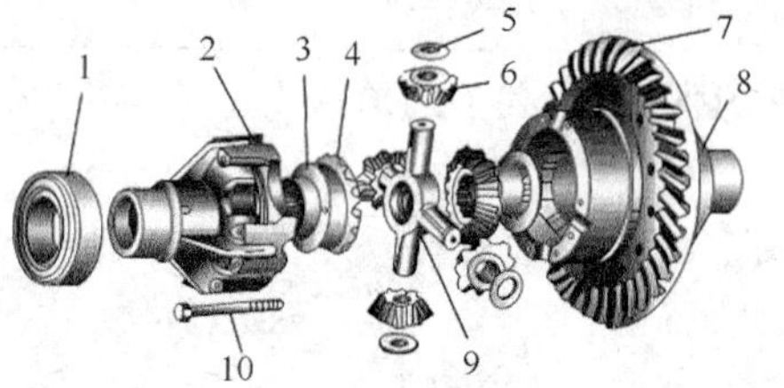

图 2-62 __________

1—__________ 2、8—__________ 3—垫片 4—__________ 5—__________

6—__________ 7—__________ 9—__________ 10—螺栓

16．差速器工作原理

（1）汽车直线行驶（两侧驱动轮阻力相同）时，通过半轴及半轴齿轮反作用于行星齿轮，两啮合点 A、B 的力相同，此时行星齿轮只有公转，没有______________________，差速器______________________作用。

（2）差速器转弯行驶（两侧驱动轮阻力不相同）时，通过半轴及半轴齿轮反作用于行星齿轮，两啮合点的力不相等。如汽车右转向，外侧车轮有滑移的趋势，内侧车轮有______________，即______________，内侧车轮阻力大，使行星齿轮除了______________，还要绕着______________，差速器起差速作用。

（3）差速器的运动特性。

① 当任何一侧的半轴齿轮为零时，另一侧半轴的______________________________。

② 当差速器壳转速为零时，若一侧半轴齿轮受其他外来力矩而作用转动，则另一侧____

17．半轴是差速器与驱动桥之间传递______________________________。

18．根据半轴与驱动轮的轮毂在桥壳上的支撑形式及半轴受力情况的不同，半轴可分为____。

19．全浮式半轴支承的半轴两端只承受______________________的支撑形式称为全浮式。

20．半浮式半轴支承的半轴外端不仅要承受转矩，而且还要承受____。

21．驱动桥壳一般由主减速器和半轴套管组成。其内部用来安装____等零件，其外部通过悬架与车架相连，两端安装制动底板并连接车轮，承受____。

22．驱动桥壳分为____两类。

23．由于整体式桥壳便于主减速器内的装配、调整和维修，故普遍用于各类汽车上。常见的整体式桥壳有____等3种形式。

【实践操作训练】

1．补全主减速器总成的就车拆卸步骤，并在实训车间完成实际操作。

（1）拉起手动制动器，用三角木固定住前后车轮，如图2-63所示。

（2）拆出后轮半轴，如图2-64所示。注意标记好______________________________。

图2-63 ____________

图2-64 ____________

（3）放出后桥壳里的齿轮油，用______________________________装好，如图2-65所示。

（4）做好传动轴______________________________，拆下传动轴，如图2-66所示。

图2-65 ____________

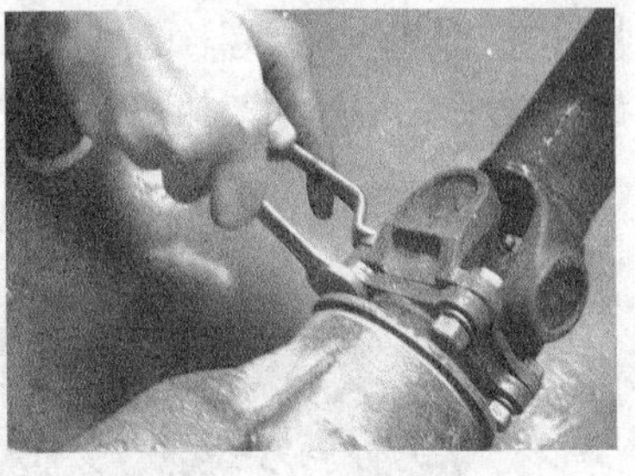

图2-66 ____________

（5）用套筒扳手拧下主减差速器总成周围的螺栓，取出总成，如图2-67所示。

图2-67 ____________

2．补全差速器总成的分解步骤，并在实训车间完成实际操作。

（1）检查差速器轴承盖有无装配记号，若没有应重新做好标记。用套筒扳手卸下调整螺母保险装置及轴承盖螺栓，如图 2-68 所示。

图 2-68 ________

（2）取下轴承盖螺栓、轴承盖、调整螺母、轴承外圈及差速器总成并摆放整齐，如图 2-69 所示。

（3）用专用工具拆卸主动锥齿轮轴的锁紧螺母。取出凸缘座、主动锥齿轮轴、隔套、调整垫片并按拆卸顺序放好，如图 2-70 所示。

图 2-69 ________

图 2-70 ________

（4）撬开差速器壳体上螺栓锁止垫片，卸下连接螺栓。取出差速器壳体、调整垫片、半轴齿轮、行星齿轮及轴，并按顺序放好，如图 2-71 所示。

图 2-71 ________

3．主减速器解体时应注意哪些事项？

① 解体前应对齿轮____做初步检查。

② 解体后应认记各部位调整垫片数量、厚度，并分别有序放置。

③ 从动齿轮轴承调整垫片解体前________________________，避免安装时左右调整垫片错位。

④ 在取下轴承和调整垫片后应将从动锥齿轮座盖安装到原处，防止左右轴承座盖错乱。

4．主减速器总成零部件的检修

（1）从动齿轮轴承预紧度的检测方法：即用手转动从动锥齿轮，应该__________________ ______________________________。也可用弹簧秤钩在从动锥齿轮紧固螺栓上测量的切向拉力为__________N。

（2）主减速器啮合间隙的检测方法：用磁性百分表固定在减速器壳的凸缘上，百分表的触头应垂直于从动锥齿轮牙齿大端的凸面，用手把住主动锥齿轮，然后轻轻往复________________ ____ ____。

5．主减速器的调整

（1）从动齿轮轴承预紧度的调整方法：慢慢拧动两端的调整螺母，调整差速器轴承的预紧度。用手转动从动锥齿轮，应该____ ____。

（2）主减速器啮合间隙的调整方法是______________________，当从动锥齿轮远离主动锥齿轮时间隙变大，反之则变小。移动从动锥齿轮的方法是将一侧的轴承调整螺母旋入几圈，另一侧就旋出几圈。

注意：____。

正确的主、从动锥齿轮啮合间隙范围为____________mm，若齿隙大于上述规定数值的上限（0.40mm），应使从动齿轮往靠近主动齿轮的方向移动；若齿隙小于下限值（0.15mm），则反向移动。

【任务考核】

红塔轻卡主减速器就车拆装考核评分表

时间：30 分钟　　　　　　　　　　　　　　　　　　　　　　任课教师签字：

序号	考核内容	配分	评分标准	考核记录	扣分	得分
一	考前准备	2	备齐所需的工、量具及设备			
二	主减速器的拆卸（40 分）	2	用三角木固定好车轮，拉紧驻车制动器			
		3	拆出后轮半轴			
		3	放出后桥壳里的齿轮油			
		3	拆下传动轴，做好传动轴装配记号			
		2	用套筒扳手拧下主减差速器总成周围的螺栓			
		2	卸下调整螺母保险装置及轴承盖螺栓			

续表

序号	考核内容	配分	评分标准	考核记录	扣分	得分
二	主减速器的拆卸（40分）	7	取下轴承盖螺栓、轴承盖、调整螺母、轴承外圈及差速器总成			
		3	用专用工具拆卸主动锥齿轮轴的锁紧螺母			
		5	取出凸缘座、主动锥齿轮轴、隔套，调整垫片并按拆卸顺序放好			
		5	撬开差速器壳体上螺栓锁止垫片，卸下连接螺栓			
		5	取出差速器壳体、调整垫片、半轴齿轮、行星齿轮及轴，并按顺序放好			
三	主减速器的安装（40分）	2	清洁各零部件			
		6	安装调整垫片、半轴齿轮、行星齿轮及轴并装在差速器壳体上			
		10	安装螺栓锁止垫片，调整间隙			
		2	用专用工具拧紧主动锥齿轮轴的锁紧螺母			
		5	安装主减速器总成			
		5	安装传动轴			
		5	安装后轮半轴			
		5	加注齿轮油			
四	基础知识填空	10	回答正确，书写工整，按时全部完成			
五	职业素养（8分）	4	课堂纪律			
		2	文明操作			
		2	工具及设备的干净整齐			
六	时间要求		每超1分钟扣1分，超过10分钟者不予及格			
合计		100				

项目三 3 行驶系统

【基础知识填空】

1．汽车行驶系统的功能是____。

2．汽车行驶系统主要由________________________组成。

3．汽车行驶系统的基本类型主要有______________________车轮-履带式等几种形式。

4．行驶系统________________________称为履带式汽车。

5．行驶系统________________________称为半履带式汽车。

6．________________________也可装履带，称为车轮履带式。

7．汽车车架俗称“大梁”，其上装有________________________等总成和部件。

8．车架的作用是____。

9．车架按其结构形式可分为________________________（应用最广泛）、中梁式车架（或称脊骨式车架）、________________________（边梁式车架＋中梁式车架）。

10．边梁式车架由________________________组成，用铆接法或焊接法将纵梁与横梁连接成坚固的刚性构架。纵梁多采用抗弯能力较强的槽型截面。

11．中梁式车架只有________________________，因此也称为脊梁式车架。中梁式车架重量轻、重心低、行驶稳定性好，其结构使车轮跳动空间比较大，车架刚度和强度较大，便于采用独立悬架系统。中梁还能对传动轴有防尘作用。

12．车架前部是________________________这种车架称为综合式车架（也称复合式车架）。

13．大多数轿车和部分大型客车取消了车架，而以____这种车身称为承载式车身。

14．根据悬架的结构形式，车桥可分为________________________两种。

15．断开式车桥为活动关节式结构，它与________________________使用；整体式车桥的中部是一个整体的刚性实心或空心梁（轴），它多与________________________配合使用。大部分现代轿车左右车轮________________________，而是通过各自的悬架与车架相连接，习惯上仍将它们称为断开式车桥。

16．按照车桥上车轮的运动方式和作用，车桥可分为________________________4 种类型。其中转向桥和支持桥都属于从动桥；一般汽车的前桥多为________________________；越野汽车和一些轿车的前桥既是转向桥又是驱动桥，故称为转向驱动桥。

17．按图 3-1 所示的结构将名称填在相应的位置。

18．前梁工作时主要承受__________，前梁采用工字形断面，以提高前梁的抗弯强度，同时可以减轻质量。前梁工作时除了承受弯矩还要＿＿＿＿＿＿，因此，从弹簧处向外逐渐由工字形断面过渡到方形断面，以提高其＿＿＿＿＿＿，同时保持断面＿＿＿＿＿＿相等。

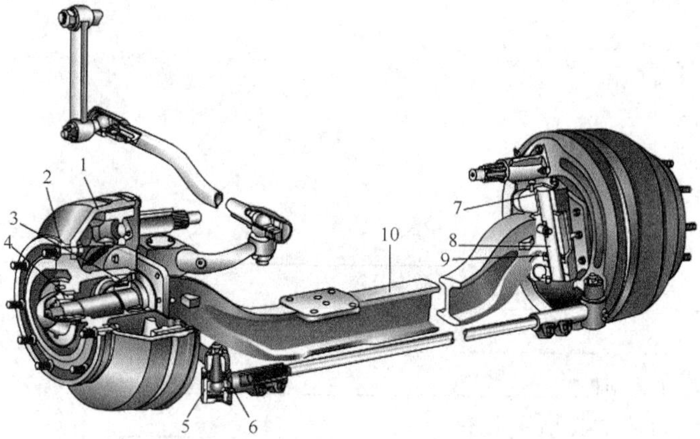

图 3-1 ＿＿＿＿＿＿

1—＿＿＿＿＿＿ 2—＿＿＿＿＿＿ 3、4—＿＿＿＿＿＿ 5—＿＿＿＿＿＿

6—＿＿＿＿＿＿ 7—＿＿＿＿＿＿ 8—＿＿＿＿＿＿ 9—＿＿＿＿＿＿ 10—＿＿＿＿＿＿

19．转向节臂＿＿＿＿＿＿一个，其上两耳部有通孔，通过主销分别将前梁两端连接起来。转向节通过＿＿＿＿＿＿连接，使车轮绕＿＿＿＿＿＿，从而实现汽车转向。转向节内端两耳部通孔内压入青铜衬套，销孔端部用盖封住，并通过转向节上的黄油嘴注入润滑脂润滑。下耳与前梁拳部之间装有＿＿＿＿＿＿，减少转向阻力。上耳与前梁拳部之间装有调整垫片，以调整转向节叉的＿＿＿＿＿＿。靠近转向节拳耳部有一方形凸缘，用以固定制动底板。左转向节两耳上端的锥形孔用来安装＿＿＿＿＿＿，下端的锥形孔分别用来安装左右转向节臂。为使转向＿＿＿＿＿＿，转向节下拳耳与前梁拳部之间装有＿＿＿＿＿＿＿＿＿＿＿＿。

20．断开式转向桥的作用和非断开式转向桥的一样，所不同的是断开式转向桥与＿＿＿＿＿＿匹配，为活动关节式结构。

21．转向桥和支持桥都属于从动桥，支持桥是＿＿。

22．许多轿车和全轮驱动越野车的前桥既是＿＿＿＿＿＿又是＿＿＿＿＿＿，称为转向驱动桥。转向驱动桥主要由＿＿＿＿＿＿＿＿＿＿＿＿＿＿＿等组成。

23．车轮与轮胎对汽车行驶性能有很重要的作用。它们的作用主要是＿＿＿。

24．车轮是介于轮胎和车轴之间承受负荷的旋转组件，主要由＿＿＿＿＿＿＿＿＿＿＿＿组成。轮辋用于安装＿＿＿＿＿＿，轮辐是介于＿＿＿＿＿＿＿＿＿＿＿＿＿＿。

25．按轮辐的构造，车轮可分为＿＿＿＿＿＿＿＿＿＿＿＿＿＿＿。

26．轮辋俗称＿＿＿＿＿＿，是车轮周边安装＿＿＿＿＿＿＿＿＿＿＿＿＿＿＿。

27．深槽轮辋是整体的，其断面中部为一深凹槽，主要用于＿＿＿＿＿＿＿＿＿＿＿＿＿＿＿。

28．平底轮辋的结构形式很多，在我国＿＿＿＿＿＿常用这种轮辋。其挡圈是整体的，用一个开口弹性锁圈来防止挡圈脱出。在安装轮胎时，先将＿＿＿＿＿＿＿＿＿＿＿＿＿＿＿，而后套上挡圈，并将它向内推，直至________________________，再将开口的弹性锁圈嵌入环形槽中。

29．对开式轮辋由____________组成，其内外轮辋的宽度可以相等，也可以不等，两者用螺栓连成一体。拆装轮胎时，________________________。有的无挡圈，而由与内轮辋制成一体的轮缘代替挡圈的作用，____________焊接在一起。

30．轮胎作为汽车与道路之间力的支撑和传递部分，它的性能对汽车行驶性能影响很大。轮胎的性能与其________________________等因素有关。轮胎总成安装在轮辋上，直接与路面接触。

31．轮胎的作用是什么？

（1）____。

（2）____。

（3）____。

32．汽车轮胎按胎体结构不同可分为________________________。充气轮胎按组成结构不同，又分为________________________两种。充气轮胎按胎体中帘线排列的方向不同，还可分为________________________。

33．汽车上常用的是有内胎的充气轮胎，它由________________________组成。内胎中充满着空气；外胎是________________________外壳，用以保护内胎使其不受外来损害；垫带放在________________________之间，以防止内胎被轮辋及外胎的胎圈擦伤。

34．胎冠是外胎两胎肩之间的整个部位，包括________________________等。这是轮胎行驶与地面相接的________________________。

35．胎面是轮胎与路面接触的部分，它在保护胎体的同时，还具有良好的____________。

36．胎肩是轮胎的肩膀部分，具有保护________________________。

37．胎侧是行驶时曲挠最严重的部分，在此处印有轮胎规格、制造商和花纹等。

38．缓冲层（带束层）是子午线构造的胎面与胎体之间沿圆周展开的补强带，主要使用____________制作。

39．普通斜交轮胎的特点是________________________，各层帘线与胎冠中心线成________________________的交角，因而叫斜交轮胎。

40．轮胎的________________________排列，帘线分布如地球的子午线，因而称为子午线轮胎。

41．子午线轮胎与普通斜交胎相比有哪些优点？

（1）____。

（2）____。

（3）____。

（4）____。

（5）____。

42．按胎内空气压力的大小，充气轮胎可分为________________________3种。

每种汽车的轮胎气压是不一样的，轮胎胎压及承重要求可以在____________、____________、副驾驶座一侧的储物盒的盖子上找到，以及在汽车的用户手册上都可以找到。

43．轮胎胎冠用耐磨橡胶制成，它直接与路面接触，承受全部载荷。为使轮胎与地面具有良好的附着性能，在胎面上制有各样的花纹，有____

44．普通花纹：花纹细而浅，花纹块______________________________________。但抗滑能力差，适用于较平整的硬路面。

45．混合花纹：介于上述两种花纹之间，兼顾两者的使用要求，中部为菱形、锯齿形或烟斗形花纹，两边为横向越野花纹，适用于在____。

46．越野花纹：凹部深而宽，汽车在软路面上行驶时轮胎与地面的附着性好，____。

47．高压轮表示方法：D×B（单位：in），写出各符号表示的含义。

D：______________________；×：______________________；B：______________________

低压轮表示方法：B-（R）d（单位：in）若中间有字母（R）代表______________。

各符号的含义：B：______________；—：______________；d：______________。

48．轮胎类型的选择。轮胎类型主要根据__________________________________来选择。货车普遍采用__________________________________轮胎，以提高轮胎承载能力；越野车选用胎面宽、直径较大的超低压胎；轿车宜采用__________________________________，首选______________。

49．轮胎花纹的选择。轮胎花纹主要是根据__________________________________来进行选择。高速行驶汽车不宜采用__________________________________的轮胎，否则会因过分生热引起早期损坏。低速行驶汽车应采用__________________________________的轮胎，可提高轮胎使用寿命。

50．轮胎尺寸和气压的选择。轮胎尺寸和气压主要是根据____。

51．轮胎拆装机的构造如图 3-2 所示。

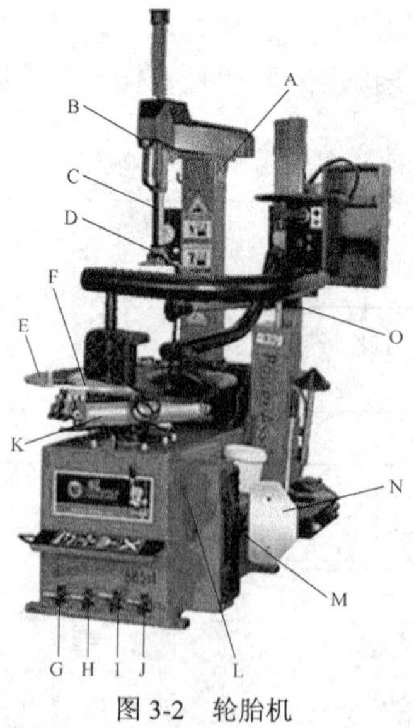

图 3-2　轮胎机

A—____________；B—锁紧开关；C—六方杆；D—____________；E—卡爪；F—转盘；G—立柱摆动脚踏；H—夹紧气缸脚踏；I—____________；J—转盘转向脚踏；K—夹紧气缸；L—撬杠；M—橡胶垫；N—____________；O—辅助臂

轮胎拆装机安全技术操作规程如下所述。

（1）使用前应清除________________________________，并检查机器各部分是否正常。

（2）拆卸轮胎时先将轮胎内的气完全放净，去掉钢圈上所有铅块。

（3）拆胎前，将轮胎放到轮胎挤压位置，反复转动轮胎并操作挤压臂使轮胎和钢圈彻底分离，挤压过程中应防止手、脚深入挤压臂内。

（4）轮胎搬上拆装台时应避免____________，踩下踏板锁住钢圈前，应确认卡盘和钢圈之间没有异物，不允许用手指探查钢圈是否放正。

（5）拆装轮胎前应用毛刷在轮胎内圈涂抹__________，禁止使用矿物油作润滑液。

（6）拆装轮胎过程中，用撬棍将轮胎边挑到拆装头上时，应注意撬棍的用力方向和力度，绝不允许将手深入撬开的缝隙中。轮胎边挑上拆装头取出撬棍后，才能踩下踏板使卡盘旋转，将轮胎扒出钢圈。

（7）轮胎充气前应首先确认____________________，充气时一定要注意观察压力表，以免轮胎过压造成人员伤害。

（8）每天工作结束时必须对机体及周边进行清洁，对转动部位注油润滑。

52．悬架是____________________________的所有传力连接装置的总称。

53．悬架的作用有哪些？

（1）____。

（2）____。

（3）____。

（4）把路面作用于车轮上的垂直反力、____。

54．悬架由____________________组成。弹性元件包括______________________________。导向机构由控制摆臂式杆件组成，有______________________两种。钢板弹簧作为弹性元件时，可不另设导向机构，它本身兼起导向作用。

55．悬架可分为____________________两类。

56．非独立悬架的特点是____。

57．钢板弹簧被用作非独立悬架的弹性元件，由于____________________作用，使得悬架系统大为简化。

58．螺旋弹簧非独立悬架由____________________组成。它常用于轿车的后悬架。

59．汽车在行驶时，要求____________________而变化。当空车时车身被抬高，满载时车身则____________________。

60．独立悬架的特点是____。

61．根据导向机构不同的结构特点，独立悬架可分为＿＿＿＿＿＿＿＿＿＿＿＿＿＿＿＿＿＿＿＿等。目前，采用较多的有＿＿＿＿＿＿＿＿＿＿＿＿3种形式，按采用弹性元件不同，独立悬架分为＿＿＿＿＿＿＿＿＿＿＿＿＿＿。目前，采用较多的是＿＿＿＿＿＿＿＿＿＿＿＿＿。

62．不等臂双横臂非独立悬架的上臂比下臂短。当汽车车轮上下运动时，上臂比下臂运动弧度小，这将使轮胎上部轻微地内外移动，而对底部影响很小。这种结构有利于＿＿＿＿＿＿＿＿＿＿＿＿＿＿＿＿＿＿＿＿＿＿＿＿＿＿＿＿。

63．多杆式独立悬架由＿＿。＿＿＿＿＿＿＿＿＿＿＿＿＿＿＿＿＿＿＿＿＿＿＿＿＿＿＿＿＿＿＿＿＿＿＿组成。

64．麦弗逊式独立悬架目前在轿车中采用很多。麦弗逊式悬架将＿＿＿＿＿＿＿＿＿＿＿＿＿＿＿＿＿＿＿＿＿＿＿＿＿＿＿旋弹簧与其装于一体。这种悬架将双横臂上臂去掉并以橡胶作支撑，允许滑柱上端做少许角位移。内侧空间大，有利于发动机布置，并降低＿＿＿＿＿＿＿＿＿＿＿＿＿。

65．钢板弹簧由多片长度不等的弹簧钢片叠加而成，广泛应用于非独立悬架。第一片为＿＿＿＿＿＿＿＿＿＿＿＿＿＿＿＿＿＿＿＿＿＿＿＿＿＿＿＿＿＿＿。中心螺栓连接各弹簧片，并保证＿＿＿＿＿＿＿＿＿＿＿＿＿＿，以免主片独自承载。弹簧夹通过铆钉与最下片弹簧片相连，螺杆上有套管，螺母朝向轮胎。

66．螺旋弹簧广泛应用于独立悬架，由于只能承受垂直载荷，必须装有＿＿＿＿＿＿＿＿＿。

67．扭杆弹簧是一根由＿＿＿。当车轮跳动时，摆臂便绕着扭杆轴线摆动，使扭杆产生扭转弹性变形，以保证车轮与车架的弹性连接。

68．气体弹簧是＿＿＿＿＿＿＿＿＿＿＿＿＿＿＿的作用。气体弹簧分为空气弹簧和油气弹簧两种。空气弹簧又有＿＿＿＿＿＿＿＿＿＿＿＿＿＿两种形式。

69．液力减震器的作用原理是＿＿。

70．双向作用筒式减震器由＿＿组成。

71．横向稳定杆（器）的工作原理是当两则悬架变形相同时，横向稳定器不起作用。当两侧悬架变形不等时，稳定杆被扭转。弹性的稳定杆产生＿＿＿。

72．汽车前轮定位包括：＿＿。

73．前轮安装时，＿＿＿＿＿＿＿＿＿＿＿＿＿＿＿＿＿＿这种现象称为前轮前束。左右轮的＿＿＿＿＿＿＿＿＿＿＿＿＿＿之差称为前束值。

74．前轮前束值采用平地推车法测量：将汽车停在平坦的地面上直在两转向轮____________
____
____
____。
两次测量所得距离之差，即为转向轮的前束值。再推动汽车前进，使转向轮____________，然后再按上述方法测量转向轮的前束值。取两次测量结果的____________作为该车转向轮的实际前束。

75．转向轮前束的调整步骤是什么？

（1）____。

（2）____。

（3）____。

（4）____。

必须注意，________________________，其数值的大小是相互匹配的。前轮存在外倾角则必须有前束。若外倾角为0，则前束为0；前轮外倾角为负值，则________________________（前大后小）。

76．当汽车水平停放时，在汽车的__________________________为前轮外倾角。

77．当汽车水平停放时，____
____叫主销后倾角。

78．主销内倾是指______________________________，此角度叫主销内倾角。它的作用是____________________________。当前轮转向时，前轮接地中心点以主销轴线为中心转动，实际上是连车轮及汽车前部向上抬高了。而汽车的重力又__________________________，使转向轮有保持汽车一直向前行驶的__________________________。

79．主销内倾角度______________________________，稳定性越好，前轮自动回正的作用____________，但转向时也越____________，轮胎磨损____________；反之，角度越小前轮自动回正的作用就越弱，因此主销内倾角在2°～3°之间为宜。

80．主销内倾角和主销后倾角共同使汽车__________________________。

81．正确的车轮定位可以保证__________________，转向后能自动回正，汽车转向时、急剧改变车速时和高速行驶时，以及在坏路行驶或紧急制动时能保证行驶方向的稳定性。操作车辆时能稳定、准确，路面震动小，坏路上车身没有明显__________，乘车舒适，轮胎寿命延长。

82．汽车行驶一段时间后，由于各种原因，会出现轮胎异常磨损、零件磨损加快、方向盘发沉、车辆跑偏、油耗增加等现象，而这些现象都是车辆性能下降的原因，要消除这些现象，确保车辆的稳定性能，最有效的方法____________________________，它不仅能确保汽车的正常行驶，还能延长轮胎的使用寿命，同时节省油耗。

83．正确的车轮定位可以帮助系统中所有部件都处于正常关系中，车轮定位的优点主要体现在哪些方面？

（1）延长轮胎的使用寿命。一组新的轮胎，可能会出现某一个轮胎使用不久发生异常磨损的现象，有时发生在__________，有时发生在__________。在大多数情况下，轮胎的异常磨损，或跑长途时爆胎的原因是车轮定位不准确。

（2）保证操纵的稳定性。不正确的车轮定位可以加剧转向轮，以至整个转向系的摆振，还可以造成行驶____________、高速时转向____________、左右牵引、车轮不能自动回正、路面的震动无法被有效地吸收。正确的车轮定位则可以避免或排除上述故障。

（3）减少__________________________。由于不同的车轮定位角可以使汽车处于不同的平稳关系中，因此不正确的车轮定位角不仅会加剧车轮的磨损，而且会造成悬架和转向系统传动部分的转动部件（如控制臂衬套、球头销、主销衬套等）的非正常磨损。

（4）提高__________________。所有的车轮定位角，都是为了使车轮在行驶中尽可能地垂直于地面，最大限度减少车轮滑移，使车轮滚动阻力减少，燃油经济性提高。正确的车轮定位，使4个车轮彼此平行，这样保证了最小的滚动阻力，再加上正确的轮胎充气，可确保提高燃油经济性。

（5）得到最佳的行驶平顺性。正确的车轮定位帮助前、后悬架恰如其分地工作，使行驶系统、转向系统所有部件处在正确关系中，路面的震动被有效地吸收，车辆行驶更平稳。

（6）确保安全驾驶。正确的车轮定位最大的好处就是保证安全驾驶。它可以确保车辆的可操作性，操作的稳定性，在正常行驶中有正确、迅速的操纵响应。

84. 什么情况下要做四轮定位？

（1）____。

（2）____。

（3）____。

（4）____。

85. 汽车的四轮转向系统的主要目的是____。

86. 回轮转向原理是汽车前轮在做转向时，会产生一个作用在前轮的侧向力，____。

87. 四轮转向主要有两种方式，分别是____。

88. 四轮转向系统有4个主要部件，分别是____。

89. 目前，安装在车辆上的四轮转向控制系统可以分成哪几类？

（1）____。

（2）____。

（3）____。

（4）____。

【实践操作训练】

1. 补全五菱车前悬架的拆装步骤，并在实训车间完成实际操作。

（1）用扳手拧松轮胎螺栓，用千斤顶顶起车辆，如图3-3所示。

（2）拆卸车轮。

（3）取下软管接头卡簧，使制动软管与减震器分离。

（4）从减震器上拆下车轮转速器线束夹螺栓。

（5）拆下转向节与前减震器的连接螺栓。

（6）拆下前悬架支座总成上的螺母，注意保护前减震器及螺旋弹簧总成，避免掉落。取下前减震器及螺旋弹簧总成，如图 3-4 所示。

（7）用______________________________，直到螺旋弹簧与弹簧座之间不再有作用力，如图 3-5 所示。

图 3-3 用扳手拧松轮胎螺栓

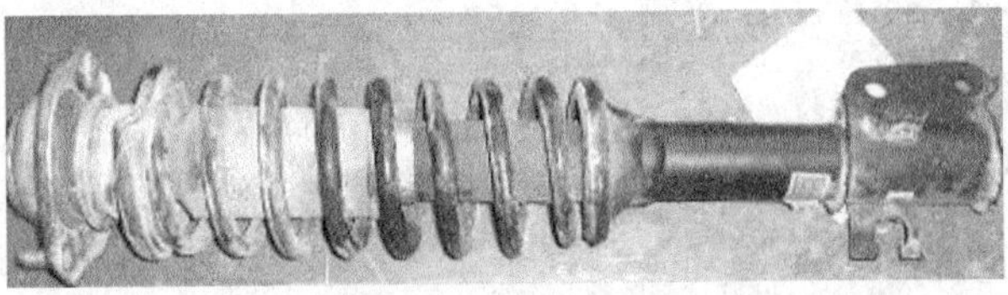

图 3-4 取下的螺旋弹簧

图 3-5 压缩螺旋弹簧

（8）取下悬架上的防尘帽，用专用工具固定活塞杆内口，拧下减震器活塞杆顶端螺母。

（9）按相反的顺序将所有的零部件装好。

2. 补全滑柱、滑柱部件或弹簧的拆解步骤，并在实训车间完成实际操作。

（1）拆下滑柱总成，如图 3-6 所示。

① 将滑柱安装至 CH-6066 夹具 5。

② 张紧弹簧 4，使用 CH-6068 张紧器 1 将弹簧张力从上滑柱支座上卸去。

③ 拆下滑柱螺母 2。

④ 拆下滑柱支座隔震垫垫圈 3。

（2）拆下前弹簧滑柱部件，如图 3-7 所示

① 拆下滑柱支座隔震垫总成 2。检查是否损坏，必要时进行更换。

② 拆下________________________3。检查是否损坏，必要时进行更换。

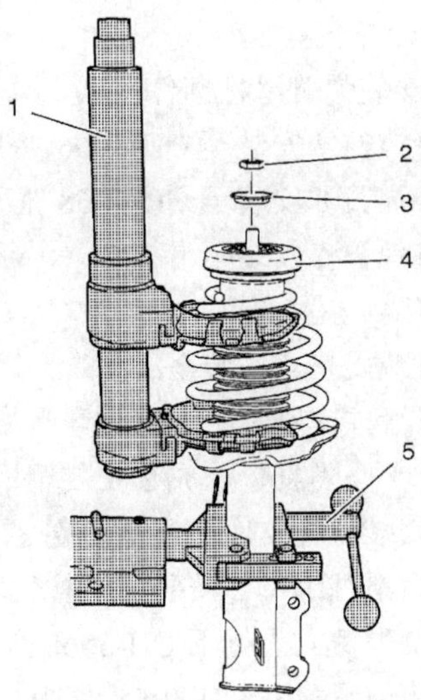

图 3-6 拆卸滑柱总成

1—________；2—________；3—________；4—________；5—________

③ 拆下减震垫 4。检查是否损坏，必要时进行更换。

④ 拆下隔震垫 5。检查是否损坏，必要时进行更换。

⑤ 使用 CH-6068 张紧器 1 拆下弹簧 6。

⑥ 卸去弹簧张力，此操作可使用 CH-6068 张紧器。检查是否损坏，必要时进行更换。

⑦ 将滑柱 7 从 CH-6066 夹具 8 上拆下。

⑧ 拆下________1，如图 3-8 所示。检查是否损坏，必要时进行更换。

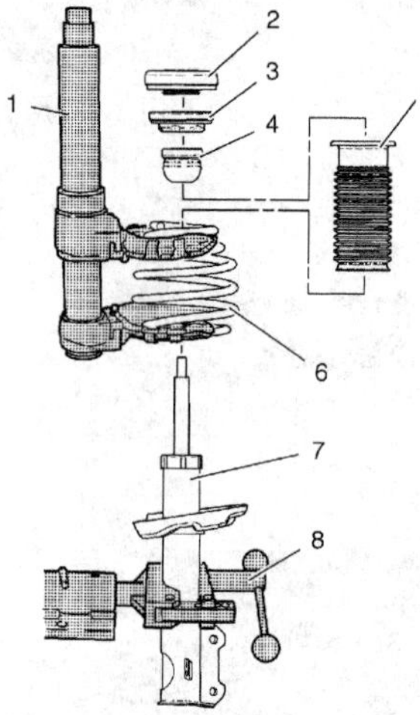

图 3-7　拆卸前弹簧滑柱部件

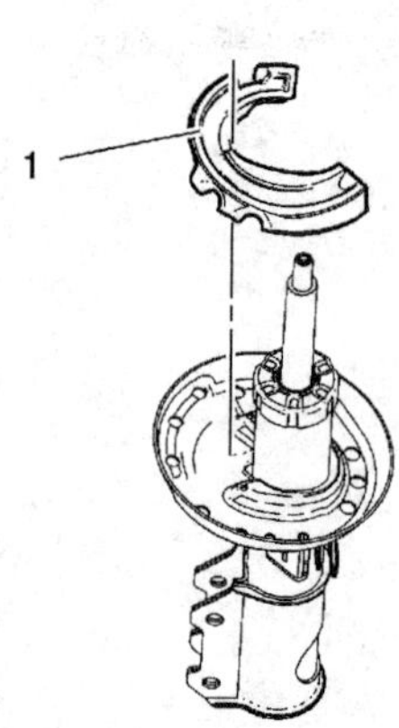

图 3-8　拆下下隔振垫

1—__________；2—__________；3—__________；4—__________；

5—__________；6—__________；7—__________；8—__________

1—__________

3．在实训车间完成滑柱、滑柱部件或弹簧的安装操作。

（1）安装下隔震垫 1。

（2）安装弹簧滑柱部件。

① 将滑柱 7 安装至 CH-6066 夹具 8 上。

② 将弹簧 6 安装至 CH-6068 张紧器 1，压缩弹簧使之释放弹簧张力。

③ 将弹簧 6 安装至滑柱 7。

④ 将隔震垫 5 安装至滑柱 7。

⑤ 将减震垫 4 安装至滑柱 7。

⑥ 将滑柱支座轴承 3 安装至滑柱 7。

⑦ 将支座隔震垫总成 2 安装至滑柱 7。

（3）安装滑柱支座隔震垫垫圈 3。

（4）将滑柱螺母 2 安装至滑柱轴，并紧固至 70N·m（52 英尺磅力）。

（5）从弹簧 4 上拆下 CH-6068 张紧器 1。

（6）将前滑柱从 CH-6066 夹具 5 上拆下。

（7）安装滑柱总成。

4．补全轮胎拆卸步骤，并在实训车间完成实际操作。

（1）放净欲拆轮胎空气，清除轮胎______________，卸下平衡块，去除平衡块时应使用专用工具，此外要卸下气门帽和气门芯；润滑胎缘。

> **注意** 拆胎前，请先用毛刷蘸取润滑剂盒中事先放好的有效润滑剂，再润滑胎缘，否则在压胎时分离铲会磨损胎缘。

（2）将轮胎置于分离铲和橡胶垫之间，使分离铲边缘置于胎缘与轮辋之间，离轮辋边缘大约1cm处（见图3-9），然后踩分离铲脚踏，使胎缘与轮辋分离。

（3）在轮胎其他部分重复以上操作，使________________________，如图3-10所示。

图3-9　________

图3-10　________

（4）把胎缘与轮辋已分离的车轮放在转盘上，注意轮辋正面朝上（对于不对称的深槽轮辋应将窄轮辋朝上放置），如图3-11所示。脚踩夹紧气缸脚踏到底，夹紧__________。（此时可根据不同轮辋选择不同的夹紧方式，根据不同需求选择卡爪的不同位置。）

图3-11　________

（5）在轮胎及轮辋边缘涂__________________。

（6）踩下立柱回位踏板，使立柱回位于工作位置（见图3-12）。

（7）调整六方杆的上下位置和四方横梁的前后位置，使拆装头紧靠____________，然后按下锁紧手柄上的按钮，以锁紧六方杆和四方横梁，这时拆装头内侧距离轮辋边缘1～2mm距离，避免划伤轮辋（见图3-13）。

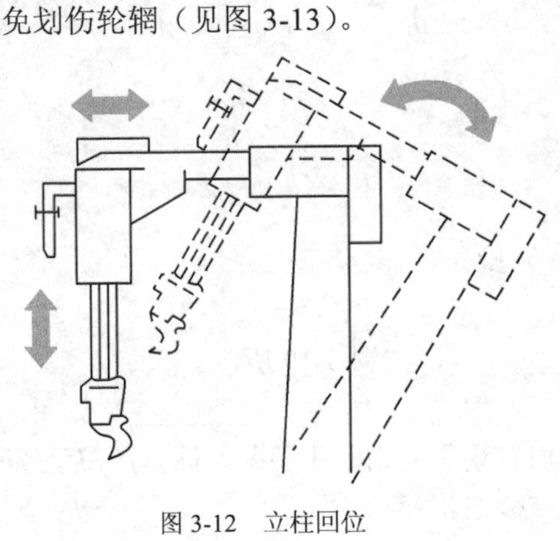

图3-12　立柱回位

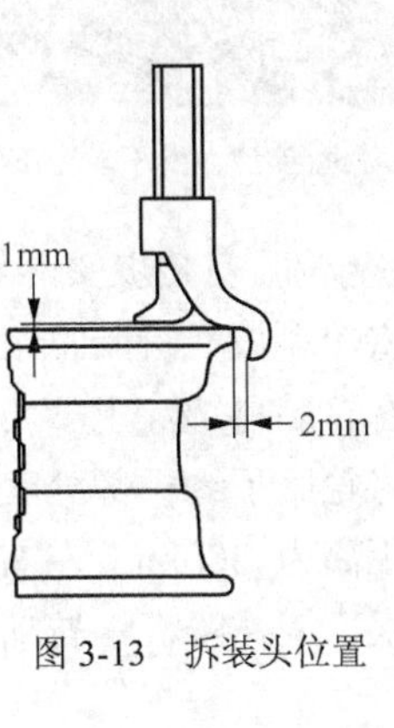

图3-13　拆装头位置

（8）将臂端压块放于拆装头对面的轮胎上缘，然后下压升降杆使压块下压____________，踩下工作盘旋转踏板，使工作台顺时针旋转，将轮胎压至轮毂中间（见图 3-14）。

（9）用撬杠将胎缘撬在拆装头上（见图 3-15），______________________，撬棍不抽出，踩下工作盘旋转踏板，使工作台顺时针旋转，使轮胎上缘脱离轮辋（见图 3-16）。

（10）用同样的方法拆下轮胎下缘（见图 3-17），使__________________________。踩下立柱摆动脚踏使立柱后仰（见图 3-18），然后踩下脚踏松开卡爪，取下轮胎与轮辋，拆胎完成。

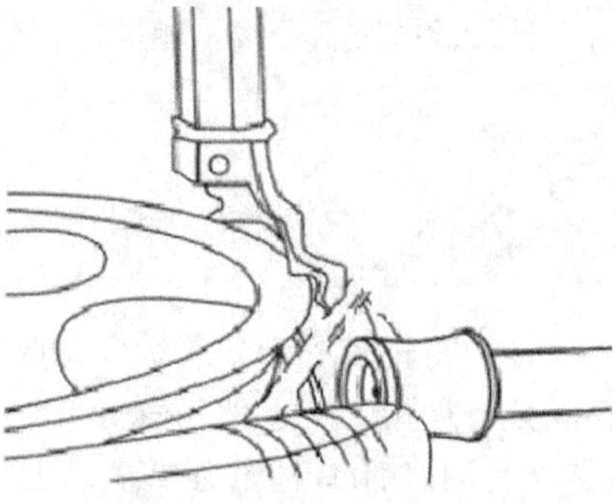

图 3-14　下压轮胎至轮毂中间

图 3-15　用撬杠将胎缘撬在拆装头上

图 3-16　轮胎上缘脱离轮辋

图 3-17　拆下轮胎下缘

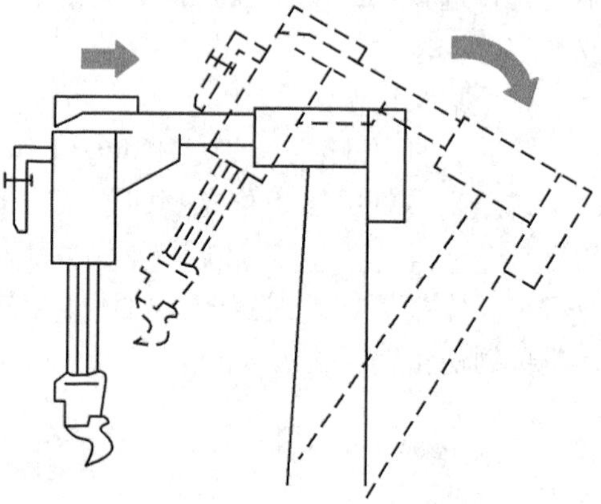

图 3-18　立柱后仰

5．补全轮胎安装步骤，并在实训车间完成实际操作。

（1）将轮辋放在拆胎机工作盘上并卡紧。

（2）在轮胎唇边涂上______________________，如图 3-19 所示。

（3）将轮胎下缘一部分套装在轮辋上，上胎时，用____________________（见图 3-20），两手之间的距离为 200mm 左右，胎口处于最紧处时，用右肘用力压胎肚，同时，左手顺时针推一下轮胎，踩下工作踏板，转动轮辋，使轮胎下缘安装在轮辋上。

图 3-19 给轮胎唇边涂润滑剂

图 3-20 双手压在胎肚上

（4）安装上胎缘，重新放好轮胎，调整好胎缘位置，再将压块置于拆装头顺时针方向约 20cm 的轮胎上缘，最后按下升降杆使压块下压 5～7cm，将胎缘______________________（见图 3-21）。踩下转盘转向脚踏，让转盘顺时针转动。当还有 10～15cm 的轮胎未装入时，动作要放慢并注意观察轮胎的状态以免撕伤轮胎。

注意

一旦感到轮胎有撕伤的迹象或电机停止转动。请立即松掉脚踏，然后用脚面抬脚踏使电机反转，使轮胎恢复原状以便再次进行。

（5）用气压表按规定对轮胎进行充气（见图 3-22），充气时要一边充气一边__________，以免发生轮胎过压或其他异常情况造成人员伤害。

图 3-21 安装上胎缘

图 3-22 轮胎充气

提示

1. 对于胎顶橡胶好但软而薄的轮胎：用风铲铲胎打滑时，可微抬一下风铲控制踏板，同时将轮胎往里推一下，确认铲口与胎口接触，然后用腿或手靠住，防止轮胎退回，再踩控制踏板，这时较容易铲下轮胎。

2. 对于跑车时间长的轮胎：轮胎长时间受内气压，轮胎与地面摩擦所产生的热，导致轮胎与钢圈粘合。风铲很难铲下时，可先将洗洁精溶于水，用小刷在胎唇与钢圈处多刷一些溶液，待溶液渗进胎唇与钢圈缝隙后，再用风铲铲下轮胎。

3. 对于胎口较硬的轮胎：扒胎时最好选用小车弹簧钢板，自制加长的撬棍往拆装头撬胎口，比较容易。

6．轮胎动平衡

（1）清除被测车轮上的泥土、石子和旧平衡块，如图 3-23 所示。

（2）检查轮胎气压，视必要充至____________________。

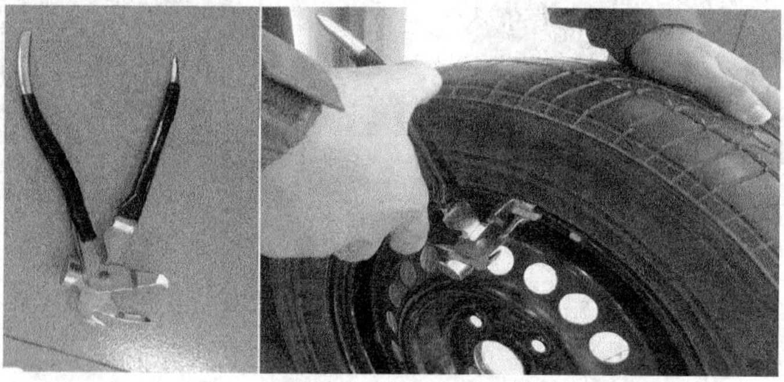

图 3-23 ________

（3）打开车轮平衡机电源开关，检查指示与控制装置的面板是否指示正确，如图 3-24 所示。

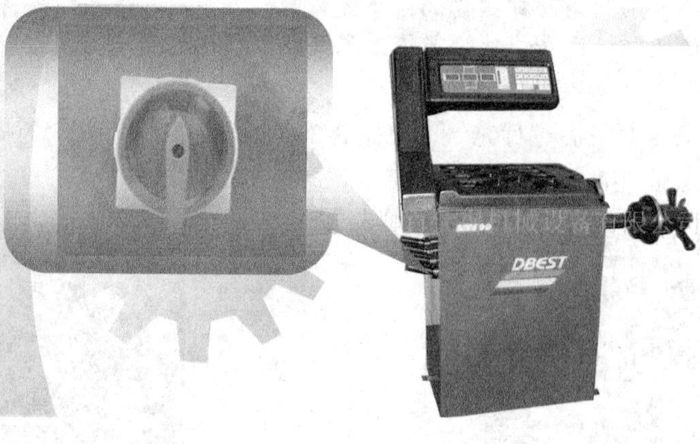

图 3-24　车轮平衡机

（4）根据轮辋中心孔的大小选择锥体，仔细地装上车轮，用大螺距螺母上紧，如图 3-25 所示。

图 3-25　安装锥体

（5）装上快速螺母并旋紧，注意________________________________，如图 3-26 所示。

图 3-26　安装快速螺母

（6）用平衡机上的标尺测量轮辋边缘至机箱的距离 a，如图 3-27 所示。

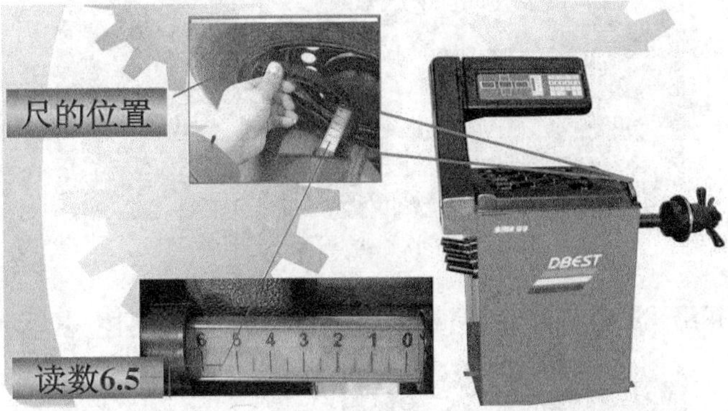

图 3-27　测量轮辋边缘至机箱的距离

（7）向动平衡机器面板上输入相对应的数值，如图 3-28 所示。

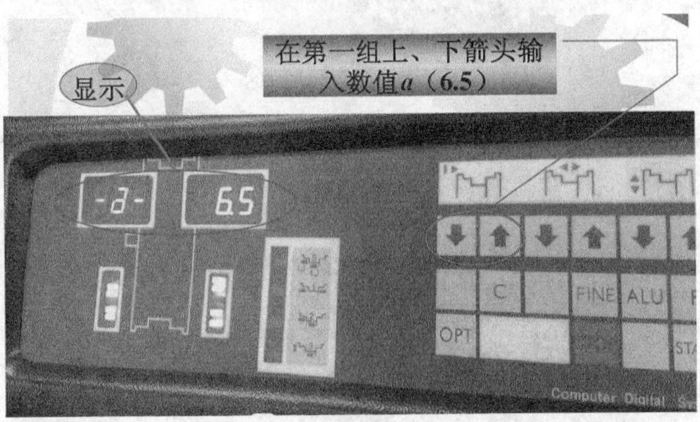

图 3-28　输入数值 a

（8）用卡尺卡住轮辋两侧并读取__________________，如图 3-29 所示。

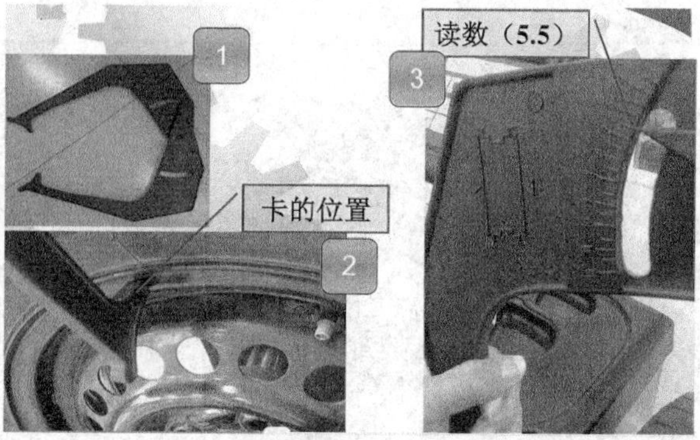

图 3-29　量取数值 *b*

（9）向动平衡机器面板上输入轮辋宽度相对应的数值 *b*，如图 3-30 所示。

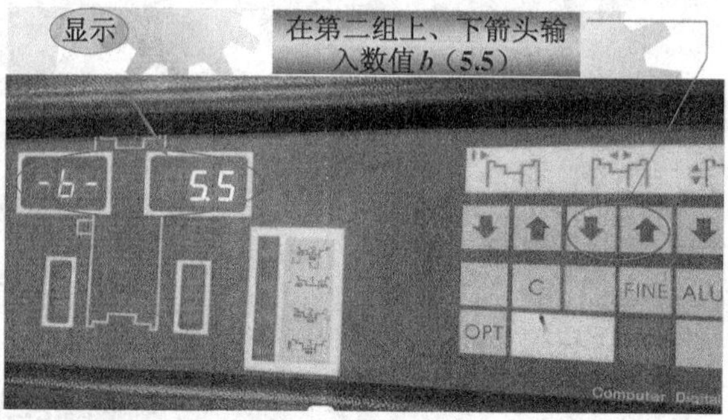

图 3-30　输入数值 *b*

（10）在轮胎侧面找出轮胎规格读数，如图 3-31 所示。如 195/65R15，R15 表示轮辋的直径为 15。

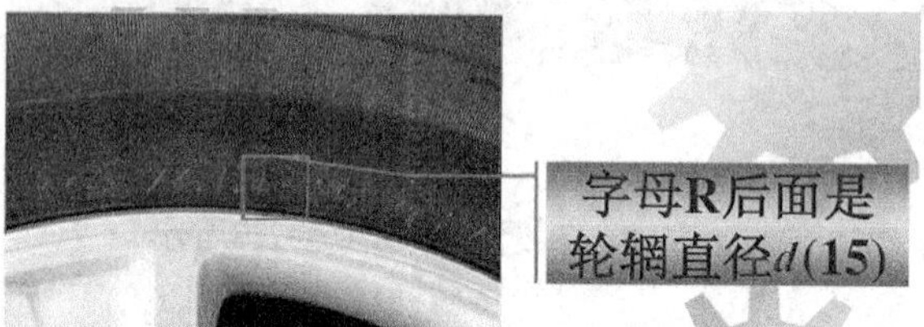

图 3-31　查询轮胎规格

（11）向动平衡机器面板上输入____________________相对应的数值 *d*，如图 3-32 所示。

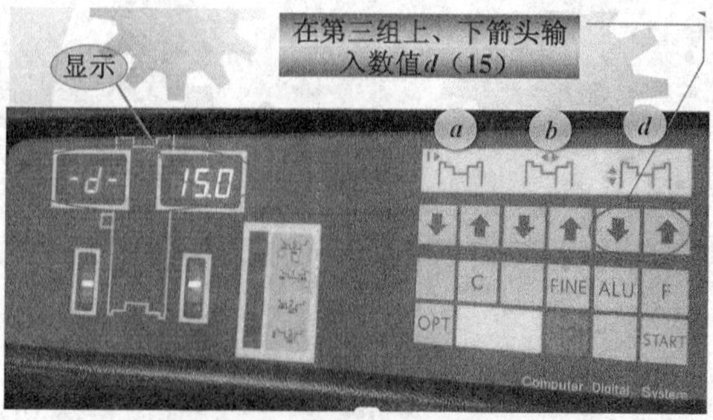

图 3-32　输入数值 *d*

（12）放下车轮防护罩，按下起动键，车轮旋转，平衡测试开始，自动采集数据，如图 3-33 所示。

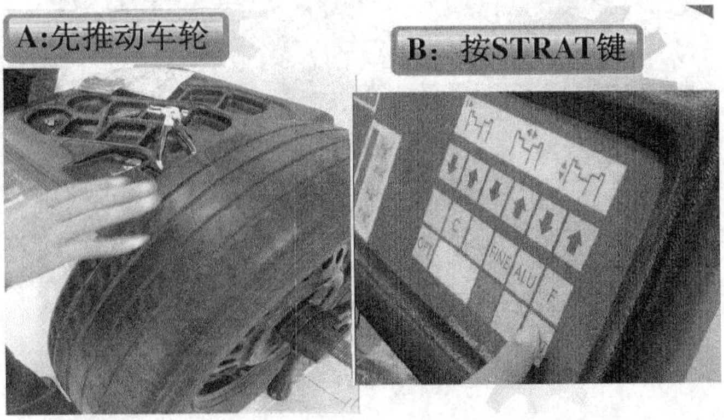

图 3-33 开始平衡测试

（13）车轮自动停转或听到“嘀”声后按下停止键并操纵制动装置使车轮停转后，从指示装置读取车轮内、外不平衡量和____________________，如图 3-34 所示。

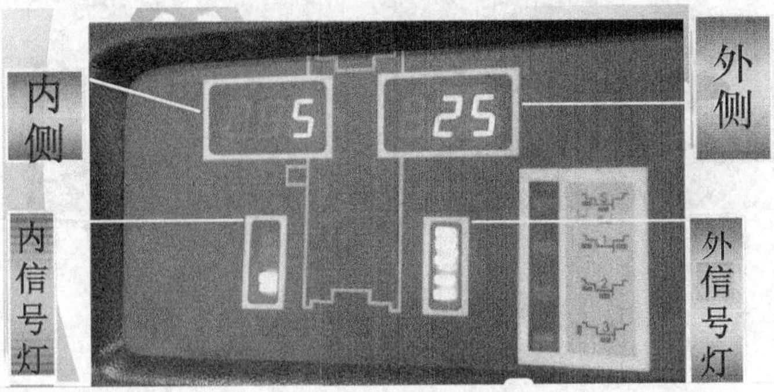

图 3-34 读取数值

（14）抬起车轮防护罩，用手慢慢转动车轮。当指示装置发出指示（如音响、指示灯亮、制动、显示点阵或显示检测数据等）时停止转动。在轮辋的______________________（时钟 12 点位置）加装指示装置显示的该侧平衡块质量，如图 3-35 所示。

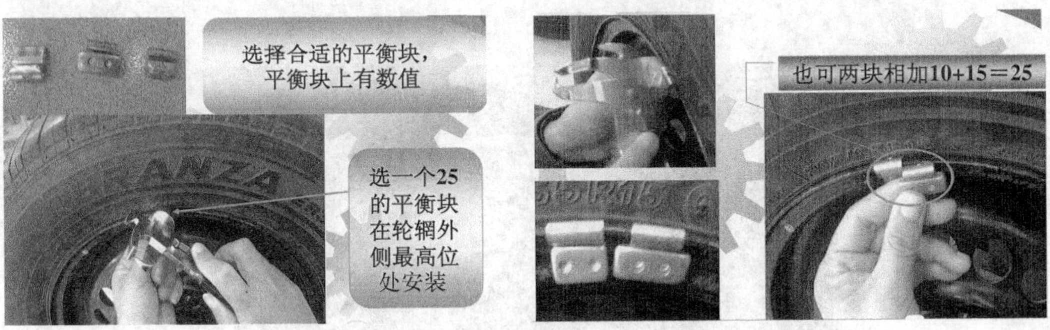

图 3-35 外侧加装平衡质量块

（15）参照外侧方法，在内侧打上相应的__________，如图 3-36 所示。

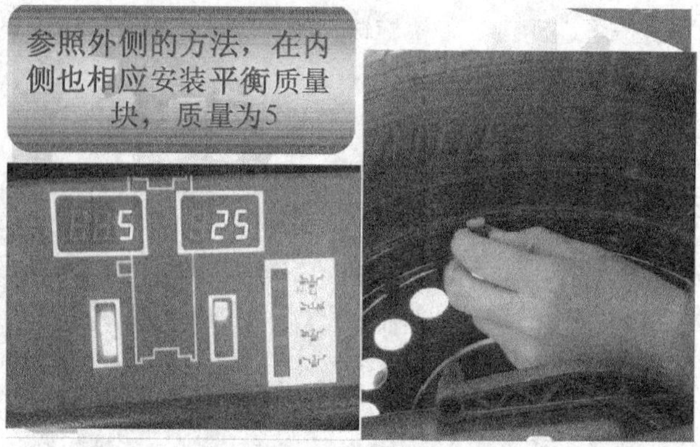

图 3-36　内侧加装平衡质量块

（16）对车轮再次进行平衡检测，直到不平衡量______（0.3oz），指示装置显示“00”或“OK”时才能满意，如图 3-37 所示。

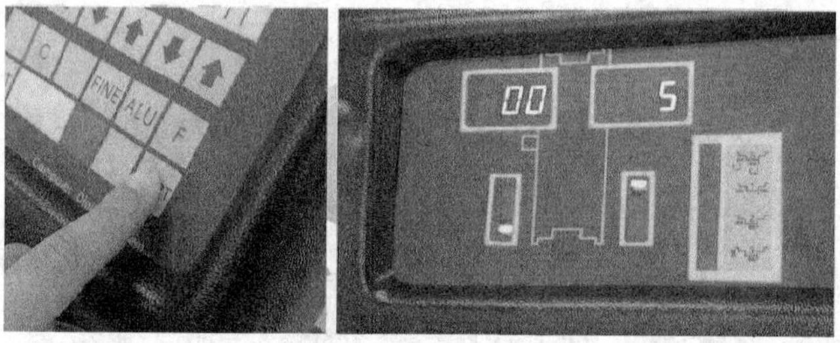

图 3-37　车轮平衡测试

（17）测试结束，关闭电源开关。

> 小窍门
>
> 当不平衡量相差 10g 左右时，如能沿轮辋边缘前后移动平衡块一定角度，将可获得满意的效果。

7．补全车轮定位的操作步骤，并在实训车间完成实际操作。

（1）汽车驶入举升机，前轮至转盘中间位置，________________，拉紧驻车制动器，如图 3-38 所示。

图 3-38　举升车辆准备

（2）放置车轮挡块，松开驻车制动器，举升机升至检查高度，如图 3-39 所示。

（3）将________________安装在相应的车轮轮辋上（先挂下方两个卡爪，再旋紧螺杆，夹紧上方两个卡爪，并用橡胶护套固定），如图 3-40 所示。

图 3-39 举升车辆

图 3-40 安装探测头

（4）进入操作画面“主菜单”，鼠标单击检测图标，进入所需界面，如图 3-41 所示。

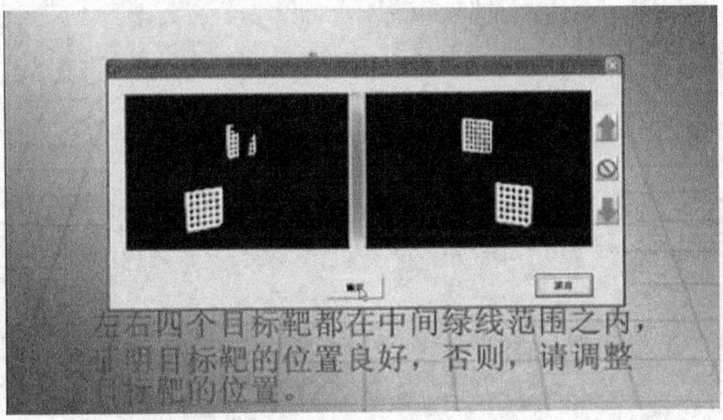

图 3-41 操作界面

（5）填写车辆信息，单击“车型”，选择被测车辆的厂家、车型、生产年份，如图 3-42 所示。

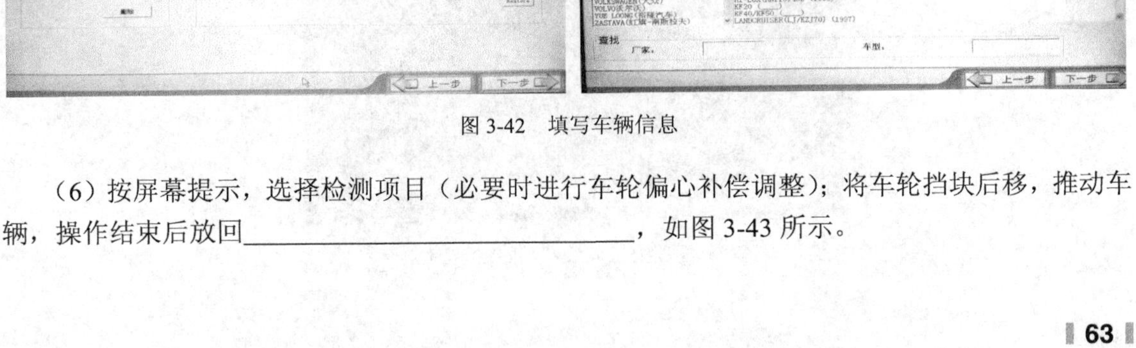

图 3-42 填写车辆信息

（6）按屏幕提示，选择检测项目（必要时进行车轮偏心补偿调整）；将车轮挡块后移，推动车辆，操作结束后放回______________________________，如图 3-43 所示。

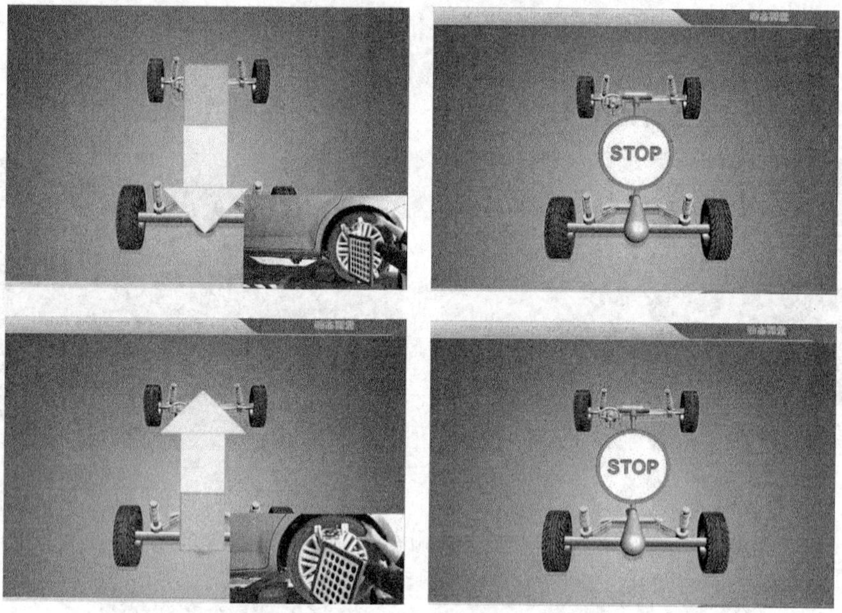

图 3-43　车辆检测

（7）屏幕显示检测数据（红色为不合格），如图 3-44 所示。

图 3-44　检测数据（图中有白色框的数据为红色）

（8）用制动杆固定行车制动器，同时用垫块固定后轮（上述操作视情况而定），如图 3-45 所示。

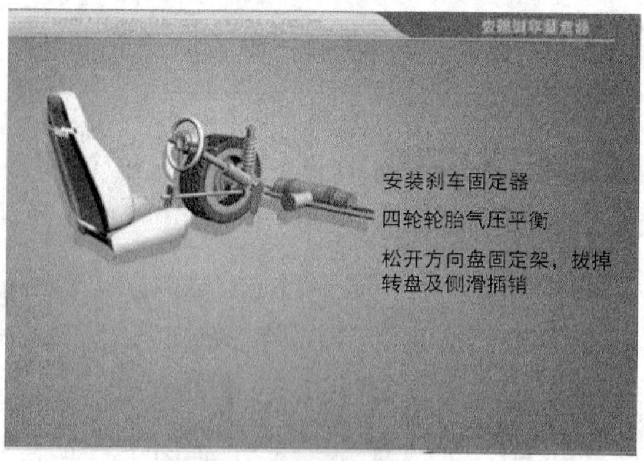

图 3-45　安装刹车固定器

（9）按屏幕提示，先“使方向处于直行位置至显示＿＿＿＿＿＿＿”，然后“向右打方向 10°至显示绿色”，“再向左打方向 10°至显示绿色”，最后“摆正方向至显示绿色”，如图 3-46 所示。

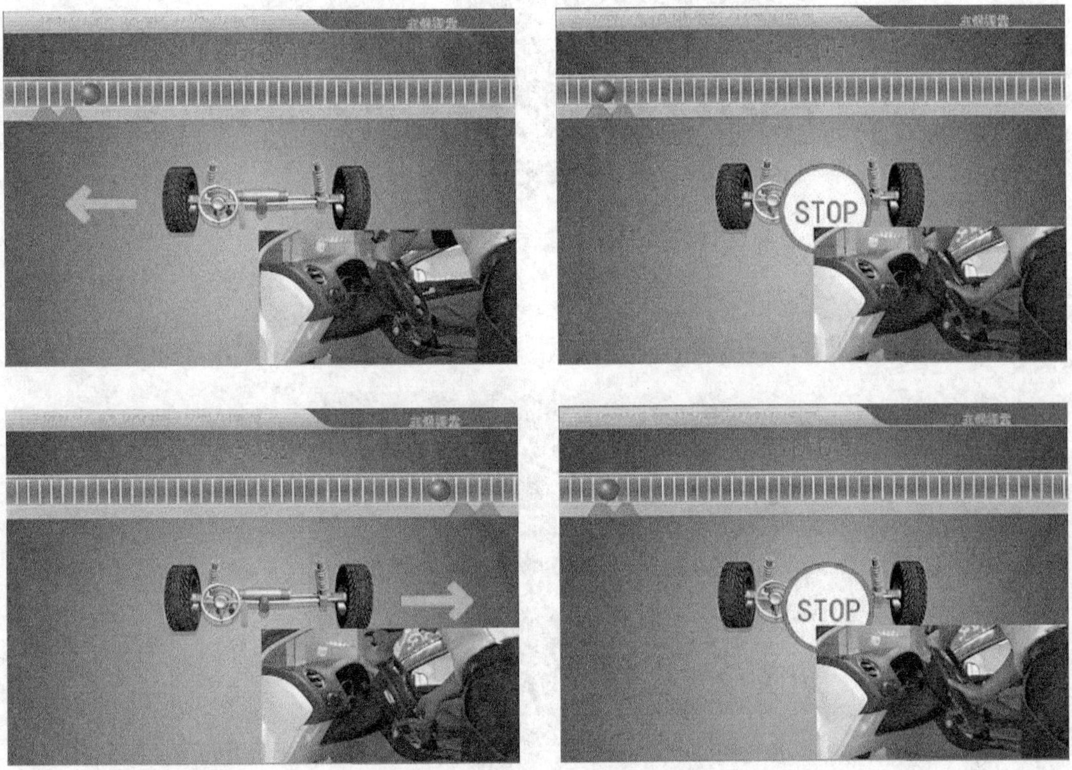

图 3-46 定位调整（图中箭头为绿色）

（10）屏幕显示检测数据（红色为不合格），将相应数据填入检测表格，同时，根据该组数据判断本车定位是否合格，如何处理（调整步骤、调整部位、调整方向、零件是否需更换），【在表格下有各种选项】，如图 3-47 所示。

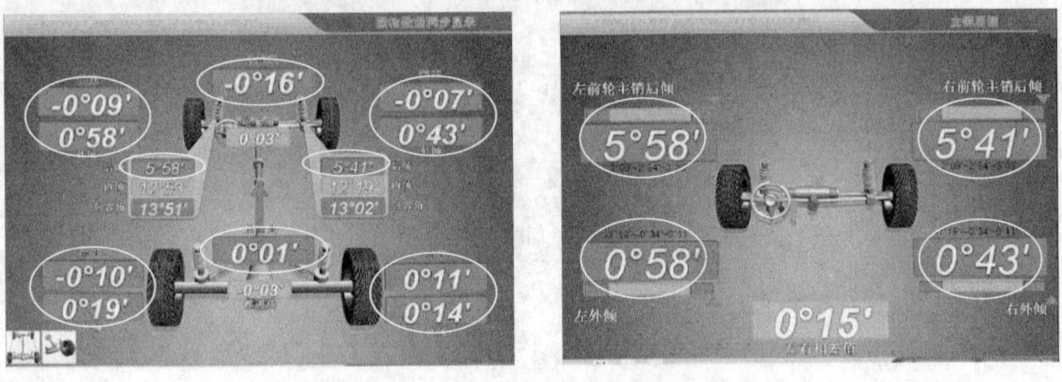

图 3-47 检测数据（图中有白色框的数据为红色）

（11）如需调整，摆正方向盘，用锁定杆＿＿＿＿＿＿＿＿＿＿，如图 3-48 所示。

图 3-48　锁定方向盘

（12）根据测量结果进入调整界面，然后对不合格的参数进行调整，如图 3-49 所示。

图 3-49　调整界面

（13）先调整后轮（外倾角、前束及推力角），________________（后倾角、内倾角、 外倾角、轴距、前束）；调整时可对照显示屏数据，调整到数字变绿为合格，如图 3-50 所示。

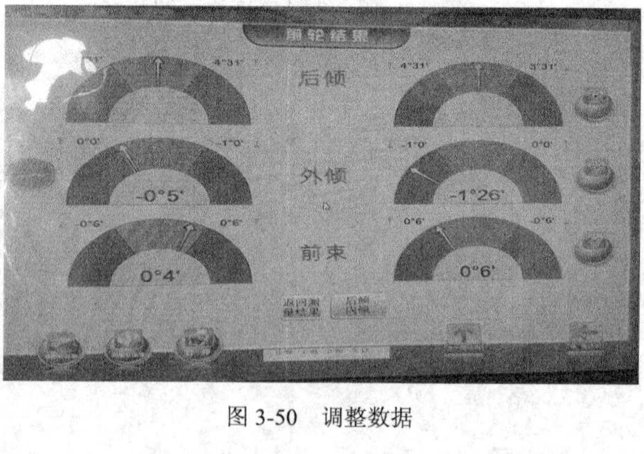

图 3-50　调整数据

（14）保存、打印调整数据（本步骤不需做）。

（15）拆下探测头及夹具，拆下方向盘锁定杆和脚制动杆；拉起驻车制动器。

（16）仪器退回至初始界面，检测调整结束。

（17）举升器降至地面。

【任务考核】

轮胎的拆装及动平衡考核评分表

时间：30 分钟　　　　　　　　　　　　　　　　任课教师签字：

序号	考核内容	配分	评分标准	考核记录	扣分	得分
一	考前准备	2	备齐所需的工、量具及设备			
二	轮胎的拆卸（25 分）	2	放净欲拆轮胎空气，去除轮胎表面异物，卸下平衡块			
		3	将轮胎置于分离铲和橡胶垫之间，挤压胎缘使胎缘与轮辋分离			
		3	将轮胎放置在拆胎机上并夹紧			
		3	在轮胎及轮辋边缘涂润滑剂			
		2	调整六方杆和四方横梁的位置，使拆装头紧靠轮辋外缘			
		2	将臂端压块放于拆装头对面的轮胎上缘，将轮胎压至轮毂中间			
		5	用撬杠将胎缘撬在拆装头上，拆出轮胎上缘			
		5	用同样的方法拆下轮胎下缘			
三	轮胎的安装（25 分）	5	将轮辋放在拆胎机工作盘上并卡紧			
		2	在新的轮胎唇边涂上少许润滑剂			
		5	将轮胎下缘安装在轮辋上			
		5	安装轮胎上胎缘			
		5	按标准给轮胎充气			
		3	取下轮胎			
四	轮胎动平衡（30 分）	2	清除被测车轮上的泥土，石子和旧平衡块			
		3	检查轮胎气压			
		2	打开车轮平衡机电源开关			
		3	安装车轮并夹紧			
		2	用平衡机上的标尺测量轮辋边缘至机箱距离 a，填好数据			
		2	用卡尺卡住轮辋两侧并读取宽度 b，填好数据			
		2	在轮胎侧面找出轮胎规格读数并输入到平衡机相应的位置			
		2	放下车轮防护罩，按下起动键，测试数据			
		5	抬起车轮防护罩，用手慢慢转动车轮，在轮辋的外侧粘贴或打上平衡块			
		5	用同样的方法在轮辋的内侧粘贴或打上平衡块			
		2	拆卸轮胎			
五	基础知识填空	10	回答正确，书写工整，按时全部完成			
六	职业素养（8 分）	4	课堂纪律			
		2	文明操作			
		2	工具及设备干净、整洁			
七	时间要求		每超 1 分钟扣 1 分，超过 10 分钟者不予及格			
合计		100				

【综合实训 1】

任务引入

李先生开车去保养时抱怨：我的车在高速路上行驶速度超过 90km/h 后，就能感觉到车轮跳动和摆振，同时方向盘也出现震动现象。请根据故障现象分析故障原因并排除。

一、知识链接（故障相关的知识点）

1．车轮、轮胎、悬架的构造及原理等相关理论知识。

2．车桥的构造与原理等相关理论知识。

3．轮胎动平衡的相关理论知识。

4．故障分析：一般在高速行驶的车辆出现车轮跳动和摆振，同时方向盘也出现震动现象，极有可能是由于车轮动态不平衡所导致的，建议先做轮胎动平衡。

二、故障点检查

1．检查轮胎表面，看是否有鼓包、裂纹等缺陷。

2．检查轮胎气压是否正常。

3．检查前轮毂轴承是否正常。

4．根据客户陈述检查各故障点并按要求填写车辆检查问诊单。

车辆检查问诊单

<table>
<tr><td>客户姓名</td><td></td><td>车牌</td><td colspan="3"></td></tr>
<tr><td>客户电话</td><td></td><td>车型</td><td colspan="3"></td></tr>
<tr><td>维修顾问</td><td></td><td>车架号</td><td colspan="3"></td></tr>
<tr><td>预计交车时间</td><td></td><td>行驶里程数</td><td></td><td>燃油表显示</td><td></td></tr>
<tr><td colspan="2">外观确认：
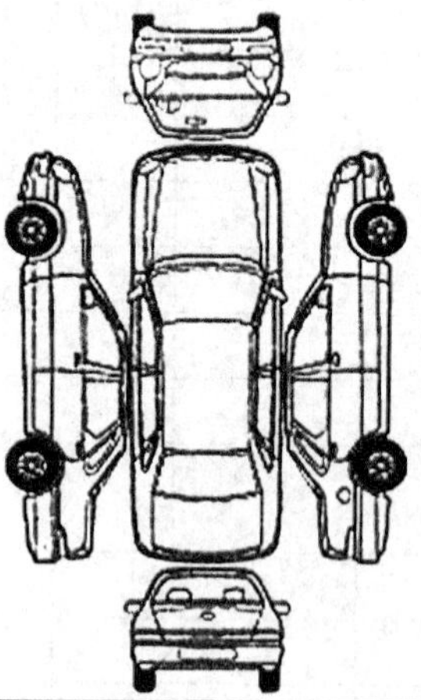
○ 划伤
□ 擦伤
◇ 碰伤
△ 凹陷
● 脱落</td><td colspan="4">仪表故障信息：

其他：</td></tr>
<tr><td>客户陈述故障</td><td colspan="5"></td></tr>
<tr><td>报检项目</td><td colspan="5"></td></tr>
</table>

续表

建议维修项目			
客户签字		服务顾问签字	

三、制订计划

老师将学生分成若干小组，每组 5 人左右，每组选出一个组长，组长负责对组员进行任务分配，组员按照组长的要求完成相应的任务，并将所完成的任务内容填入任务计划表中。

任务计划表

序号	任务	个人任务	完成情况	组长检验结果
1	李先生开车去保养时抱怨：我的车在高速路上行驶速度超过 90km/h 后，就能感觉到车轮跳动和摆振，同时方向盘也出现震动现象。请根据所学知识排除相关故障。			
2				
3				
4				
5				

四、检查、修改计划

教师检查学生做的计划，根据要求提出相应的修改计划（如计划做得很完美则无需修改），直接进入下一阶段。

检查修改后任务计划表

序号	任务	个人任务	完成情况	教师检验结果
1	李先生开车去保养时抱怨：我的车在高速路上行驶速度超过 90km/h 后，就能感觉到车轮跳动和摆振，同时方向盘也出现震动现象。请根据所学知识排除相关故障。			
2				
3				
4				
5				

五、实施

（一）教学准备

1．一体化实训场地准备：工作台、发动机、教学用整车。

2．工具准备：拆装工具套装、测量工具。

3．资料准备：教学课件、视频资料、维修手册、网络教学资源。

（二）填写维修卡

根据检查的结果制定维修方案并按要求填写维修卡。

维修卡

服务专员		日期		制单人员	
工单号		进厂日期		发动机号	
车主		车主电话		车架号（VIN）	
地址					
车牌号		车型			
检查结果					
维修方案	1．拆装：				
	2．维修：				
	3．更换：				
维修人员签字		组长签字		指导教师签字	

（三）填写维修工单

根据维修方案排除故障并按要求填写维修工单。

维修工单

服务专员		日期		制单人员	
工单号		进厂日期		发动机号	
车主		车主电话		车架号（VIN）	
地址					
车牌号		预定交车时间		质检	
车型		路试		洗车	
维修类别		进厂里程		保修结束里程	
维修项目	维修内容		工时	单价	金额
1．拆装					
2．修复					
3．喷漆					

续表

维修项目	维修内容		工时	单价	金额
4．更换					
5．机修					
6．四轮定位					
客户签字		维修技师签字		洗车技师签字	
		终检签字		维修经理签字	

六、评估效果

评价内容及评分标准		自我评价（打分）	小组相互评价（打分）	教师评价（打分）
信息收集（15 分）	理解任务或问题的程度（5 分）			
	收集信息的完整性（5 分）			
	对信息（知识）的领会程度（5 分）			
制订计划（20 分）	计划制订参与程度（10 分）			
	计划的合理性及实用性（10 分）			
修改计划（15 分）	和老师怎么讨论计划（5 分）			
	和老师讨论后，是否知道如何改进计划（5 分）			
	计划修改后的完整性（5 分）			
实施（20 分）	是否按计划进行工作（5 分）			
	是否亲自实施计划（5 分）			
	是否记录工作过程及结果（10 分）			
检查（15 分）	是否按计划的要求去完成任务（5 分）			
	是否达到预期目标（5 分）			
	整个工作流程是否与标准流程符合（5 分）			
评价（15 分）	按计划是否完成了任务或解决了问题（5 分）			
	在哪个环节上可以改进（2 分）			
	学习团队的合作情况（3 分）			
	现场 5S 及劳动纪律（5 分）			
总分				
总评				

【综合实训 2】

任务引入

客户王先生开车去保养时抱怨：我的车在高速路上行驶速度超过 90km/h 后，就能明显感觉到汽车跑偏，同时还有前轮吃胎现象。请根据故障现象分析故障原因并排除。

一、知识链接（故障相关的知识点）

1．车轮、轮胎、悬架的构造及原理等相关理论知识。

2．车桥的构造与原理等相关理论知识。

3．轮胎动平衡的相关理论知识。

4．故障原因分析：一般在高速行驶的车辆出现汽车跑偏，前轮有吃胎动现象，极有可能是由于车轮前束、轮胎外倾角、主销内倾角变化所导致的，建议做四轮定位调整维修。

二、故障点检查

1．检查轮辋的紧固螺栓。

2．检查前悬架的螺栓（螺母）。

3．检查前轮毂轴承。

4．检查下摆臂（梯形臂）的球头销（球接头）。

5．检查转向横拉杆球头销。

6．根据客户陈述检查各故障点并按要求填写车辆检查问诊单。

车辆检查问诊单

<table>
<tr><td>客户姓名</td><td></td><td>车牌</td><td colspan="3"></td></tr>
<tr><td>客户电话</td><td></td><td>车型</td><td colspan="3"></td></tr>
<tr><td>维修顾问</td><td></td><td>车架号</td><td colspan="3"></td></tr>
<tr><td>预计交车时间</td><td></td><td>行驶里程数</td><td></td><td>燃油表显示</td><td></td></tr>
<tr><td colspan="2">外观确认：
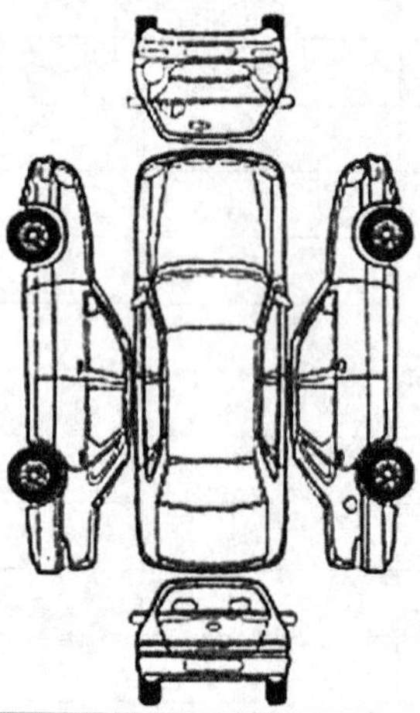
○ 划伤
□ 擦伤
◇ 碰伤
△ 凹陷
● 脱落</td><td colspan="4">仪表故障信息：

其他：</td></tr>
<tr><td>客户陈述故障</td><td colspan="5"></td></tr>
<tr><td>报检项目</td><td colspan="5"></td></tr>
<tr><td>建议维修项目</td><td colspan="5"></td></tr>
<tr><td>客户签字</td><td colspan="2"></td><td>服务顾问签字</td><td colspan="2"></td></tr>
</table>

三、制订计划

老师将学生分成若干小组，每组 5 人左右，每组选出一个组长，组长负责对组员进行任务分配，组员按照组长的要求完成相应的任务，并将所完成的任务内容填入任务计划表中。

任务计划表

<table>
<tr><th>序号</th><th>任务</th><th>个人任务</th><th>完成情况</th><th>组长检验结果</th></tr>
<tr><td>1</td><td rowspan="5">客户王先生开车去保养时抱怨：我的车在高速路上行驶速度超过 90km/h 后，就能明显感觉到汽车跑偏，同时还有前轮吃胎的现象。请根据所学知识排除相关故障。</td><td></td><td></td><td></td></tr>
<tr><td>2</td><td></td><td></td><td></td></tr>
<tr><td>3</td><td></td><td></td><td></td></tr>
<tr><td>4</td><td></td><td></td><td></td></tr>
<tr><td>5</td><td></td><td></td><td></td></tr>
</table>

四、检查、修改计划

教师检查学生做的计划，根据要求提出相应的修改计划（如计划做的很完美则无需修改），直接进入下一阶段。

检查、修改后的任务计划表

<table>
<tr><th>序号</th><th>任务</th><th>个人任务</th><th>完成情况</th><th>教师检验结果</th></tr>
<tr><td>1</td><td rowspan="5">客户王先生开车去保养时抱怨：我的车在高速路上行驶速度超过 90km/h 后，就能明显感觉到汽车跑偏，同时还有前轮吃胎的现象。请根据所学知识排除相关故障。</td><td></td><td></td><td></td></tr>
<tr><td>2</td><td></td><td></td><td></td></tr>
<tr><td>3</td><td></td><td></td><td></td></tr>
<tr><td>4</td><td></td><td></td><td></td></tr>
<tr><td>5</td><td></td><td></td><td></td></tr>
</table>

五、实施

（一）教学准备

1. 一体化实训场地准备：工作台、发动机、教学用整车。
2. 工具准备：拆装工具套装、测量工具。
3. 资料准备：教学课件、视频资料、维修手册、网络教学资源。

（二）填写维修卡

根据检查的结果制定维修方案并按要求填写维修卡。

维修卡

服务专员		日期		制单人员	
工单号		进厂日期		发动机号	
车主		车主电话		车架号（VIN）	
地址					
车牌号		车型			
检查结果					
维修方案	1．拆装：				
	2．维修：				
	3．更换：				
维修人员签字		组长签字		指导教师签字	

（三）填写维修工单

根据维修方案排除故障并按要求填写维修工单。

维修工单

服务专员		日期		制单人员	
工单号		进厂日期		发动机号	
车主		车主电话		车架号（VIN）	
地址					
车牌号		预定交车时间		质检	
车型		路试		洗车	
维修类别		进厂里程		保修结束里程	
维修项目	维修内容		工时	单价	金额
1．拆装					
2．修复					
3．喷漆					
4．更换					

续表

<table>
<tr><td>维修项目</td><td colspan="2">维修内容</td><td>工时</td><td>单价</td><td>金额</td></tr>
<tr><td>5．机修</td><td colspan="2"></td><td></td><td></td><td></td></tr>
<tr><td>6．四轮定位</td><td colspan="2"></td><td></td><td></td><td></td></tr>
<tr><td>客户签字</td><td></td><td>维修技师签字</td><td></td><td>洗车技师签字</td><td></td></tr>
<tr><td></td><td></td><td>终检签字</td><td></td><td>维修经理签字</td><td></td></tr>
</table>

六、评估效果

评价内容及评分标准		自我评价（打分）	小组相互评价（打分）	教师评价（打分）
信息收集（15 分）	理解任务或问题的程度（5 分）			
	收集信息的完整性（5 分）			
	对信息（知识）的领会程度（5 分）			
制订计划（20 分）	计划制订参与程度（10 分）			
	计划的合理性及实用性（10 分）			
修改计划（15 分）	和老师怎么讨论计划（5 分）			
	和老师讨论后，是否知道如何改进计划（5 分）			
	计划修改后的完整性（5 分）			
实施（20 分）	是否按计划进行工作（5 分）			
	是否亲自实施计划（5 分）			
	是否记录工作过程及结果（10 分）			
检查（15 分）	是否按计划的要求去完成任务（5 分）			
	是否达到预期目标（5 分）			
	整个工作流程是否与标准流程符合（5 分）			
评价（15 分）	按计划是否完成了任务或解决了问题（5 分）			
	在哪个环节上可以改进（2 分）			
	学习团队的合作情况（3 分）			
	现场 5S 及劳动纪律（5 分）			
总分				
总评				

项目四 4 转向系统

任务一 概述

【基础知识填空】

1．转向系统的作用是____。

2．汽车转向系统按其转向能源的不同，可分为____。

3．机械式转向系统由________________________3 部分组成。汽车转向时，驾驶员作用于转向盘上的力，经过__________传到转向器，转向器将转向力放大后，又通过转向__________的传递，推动转向轮偏转，致使汽车行驶方向改变。

4．液压式动力转向系统是在机械式转向系统的基础上，增加了____

5．当汽车转向时，由发动机驱动的油泵产生__________，高压油在__________的作用下，进入动力缸推动转向轮偏转，这时作用在____________就很小，从而减轻了驾驶员的劳动强度。

6．电动式动力转向系统由____组成。

7．转向盘在________________________称为转向盘的自由行程。

8．转向盘从相应于汽车直线行驶的中间位置向任何一方向的自由行程不应超过__________，当自由行程超过 25°～30° 时，必须及时进行调整。

9．转向盘的自由行程有利于__________，避免驾驶员过度紧张，但不宜__________，否则会导致车辆在进行转向动作的时候反应过慢，增加了车辆的__________；__________则会很容易改变车辆原来行驶的轨迹，增加__________。

10．测量依据：根据 GB 7258—2010 中相关规定：最大设计车速≥100km/h 时，自由行程小于__________，最大设计车速<100km/h 时，自由行程小于__________。

11．自由行程的测量方法：首先将汽车停在平坦地面上，使前轮保持直线位置，前轮、轮辋固定不动，在转向盘上分别施加__________N·m 的正、反力矩，测定__________（直行位置转向盘的自由行程）。

任务二 机械转向系统

【基础知识填空】

1．机械转向系统由__________________________________3 部分组成。

2. ________________总称为转向操纵机构，由转向盘、________________________等零件组成。

3. 转向器的作用是____

4. 转向传动机构的作用是____

5. 转向操纵机构由________________________________等组成。

6. 转向盘由________________________组成。转向盘轮毂的细牙内花键与转向轴连接。转向盘上都装有________________________，有些轿车的转向盘上还装有车速控制开关和安全气囊。

7. 转向轴是____

8. 转向轴和转向柱管吸能装置的基本工作原理：____

9. 转向柱管吸能装置的工作原理：____

10. 齿轮齿条式转向器由________________________________等组成。

11. 齿轮齿条式转向器的工作原理：驾驶员通过转向操纵机构，转向齿轮转动，从而使转向齿条移动，____

12. 循环球式转向器由________________________等组成。

13. 循环球式转向器的工作原理：转动转向盘时，转向螺杆也随之转动，通过钢球将作用力传给螺母，螺母即产生轴向移动，同时，由于摩擦力的作用，____

14. 蜗杆指销式转向器拆装时应注意哪些事项？

首先拧下放油螺栓，放净转向器中的润滑油，再用扳手拧松摇臂轴调整螺钉的锁紧螺母，____，然后，再拧下其余固定螺栓，取下侧盖。接着________________________，用力拔出摇臂轴（如果拔不出来，可用木锤敲击摇臂轴输出端头，即可拔出），再拧下转向器下盖螺栓，取下垫圈及下盖，用铜锤________________________，取出蜗杆、轴承等（注意：用铜锤敲击时，要保持蜗杆垂直于轴承的位置，以防止碰伤轴承的保持架和油封刃口）。最后，____

15. 蜗杆指销式转向器各部分检修方法是什么？

（1）壳体及盖的检修。敲击并目测检查________________________，若无法修补，则换用新件；在平台上用塞尺检测壳体与盖的结合面的平面度误差，其值应为__________mm，否则应进行修磨；壳体上两蜗杆轴承孔________________________，应符合原厂技术标准，否则进行修理或更换。

（2）蜗杆的检修。目测检查蜗杆滚道，若有________________________，用油石修磨后可继续使用，若磨损严重，剥落较大，应换用新件。磁力探伤蜗杆，应无裂纹，否则换用新件。

（3）蜗杆平面止推轴承的检修。目测检查内外滚道，若有＿＿＿＿＿＿＿＿＿＿＿＿＿＿＿＿＿＿＿，一律更换；检查轴承钢球，若有碎裂，能从保持架上脱落，则一律换用新件。更换轴承时注意：内外圈保持架要成套更换。

16．转向传动机构的作用是＿＿。

17．转向传动机构由＿＿＿＿＿＿＿＿＿＿＿＿＿＿＿＿＿＿＿＿＿＿＿＿＿＿转向梯形等组成。

18．与非独立悬架配用的转向传动机构的转向摇臂是＿＿＿＿＿＿＿＿＿＿＿＿＿＿＿＿＿，其大端用锥形三角细花键与转向器中摇臂轴外端连接，以保证在圆周上受力均匀。

19．转向直拉杆是＿＿＿＿＿＿＿＿＿＿＿＿＿＿＿＿。它与上述两部件用球形铰链连接，以保证空间运动时不发出运动干涉。

20．与独立悬架配用的转向传动机构主要部件有＿＿＿＿＿＿＿＿＿＿＿＿＿＿＿＿＿＿＿＿＿＿＿＿＿＿＿＿＿＿、防尘套等，采用了齿轮齿条式转向器，省略了转向传动机构中的直拉杆等部件，转向传动机相对来说要更简单、更实用。

21．转向横拉杆分＿＿＿＿＿＿＿＿＿＿＿＿＿＿＿＿，其内端是与横拉杆压接成一体的不可调节的圆孔接头，孔内压装有橡胶—金属缓冲环，与转向齿条上的连接支架下部的两孔用螺栓铰链。转向横拉杆外端为带球头销的可调式接头，＿＿＿＿＿＿＿＿＿＿＿＿＿＿＿＿相连，用防松螺母拧紧，通过调节横拉杆长度可调整＿＿＿＿＿＿＿＿＿＿＿＿＿＿＿＿。

22．转向减震器缸筒一端固定在转向器壳体上，＿＿＿＿＿＿＿＿＿＿＿＿＿＿＿＿连接，通过＿＿＿＿＿＿＿＿＿＿＿＿＿＿＿＿，使油液在活塞的节流阀上、下流动而产生阻尼，来吸收路面不平而产生的＿＿＿＿＿＿＿＿＿＿＿＿＿＿＿＿。

23．前桥转向臂直接焊在＿＿＿＿＿＿＿＿＿＿＿＿＿＿＿＿。

【实践操作训练】

1．补全五菱汽车转向器的拆装步骤，并在实训车间完成实际操作。

（1）拆卸步骤

① 将转向器轻轻夹在台虎钳上，钳口应垫上铝皮或紫铜皮等的保护物，并要夹在壳体的安装位置，夹在其他位置＿＿＿＿＿＿＿＿＿＿＿＿＿＿＿＿，如图 4-1 所示。

② 拧松锁紧螺母，用专用套筒扳手拆下调整螺塞，取出调节弹簧及缓冲胶圈、调整压块等，如图 4-2 所示。

图 4-1 ＿＿＿＿＿＿

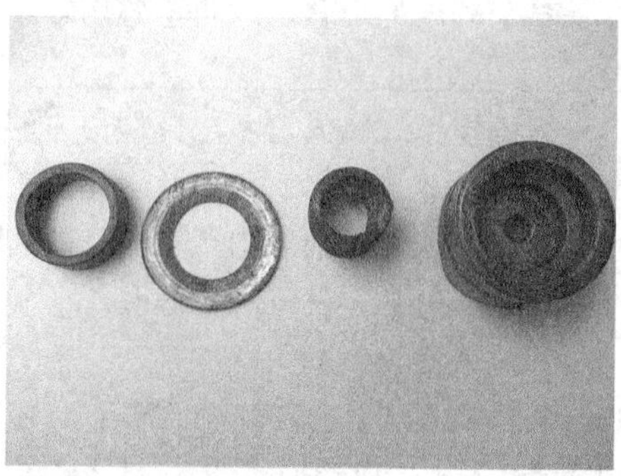

图 4-2 ＿＿＿＿＿＿

③ 拧下齿轮锁紧螺母，取出齿轮，如图 4-3 所示。

图 4-3 ________

④ 拆防尘套、密封件，拉出齿条（齿轮组件可不拆），如图 4-4 所示。

图 4-4 ________

（2）安装步骤

① 在要装配的齿条表面、导管等处图上润滑脂，在壳体内腔注以________________。

② 安装密封件、防尘套等。

③ 安装齿条。

④ 安装调整压块、缓冲胶圈、调节弹簧，再拧紧锁紧螺母。

⑤ 调整齿轮齿条啮合预紧度。

（3）检修

① 目测齿轮、齿条齿面的________________________________。

② 用____________________与导套的间隙（间隙=导套直径－齿条直径），其标准值为________mm。

③ 用____________________的自由长度，其参考值为________ mm。

④ 用手压缩或拉伸防尘套等密封件，检查其____________________。

⑤ 检查通气管是否堵塞。

⑥ 螺母一经拆卸，必须____________________。为确保转向装置安全可靠。转向器各零部件不允许进行____________________。

（4）转向器一经拆卸，必须调整齿轮齿条间隙，调整方法：________________

____

____

____。

2．补全循环球式转向器的拆装步骤，并在实训车间完成实际操作。

（1）循环球式转向器的拆卸步骤

① 将固定转向摇臂的螺母拧下，取下转向摇臂（见图4-5）。

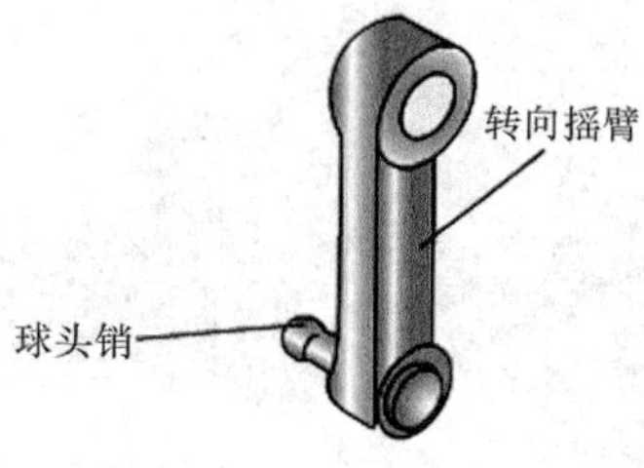

转向摇臂

图4-5 ____________

② 拧下固定侧盖螺栓，拆下侧盖，如图4-6所示。

③ 取下齿扇（摇臂轴），如图4-7所示。

图4-6 ____________

图4-7 ____________

④ 拆下转向器上、下端盖，取下垫片，取下转向螺杆及螺母总成，如图4-8所示。

⑤ 拆下循环球导管夹，拔出导管，取出全部钢球，再从螺杆上取下螺母，如图4-9所示。

注意　一般情况下，转向螺杆螺母总成不要分解，检查时，若转向不灵活、阻力较大、发卡或出现异常时，才能将其分解。

图4-8 ____________

图4-9 ____________

（2）循环球式转向器的装配步骤

① 将拆下的零部件清洗干净并用压缩气体吹干，组装转向螺杆及螺母总成、轴承，如图4-10和图4-11所示。

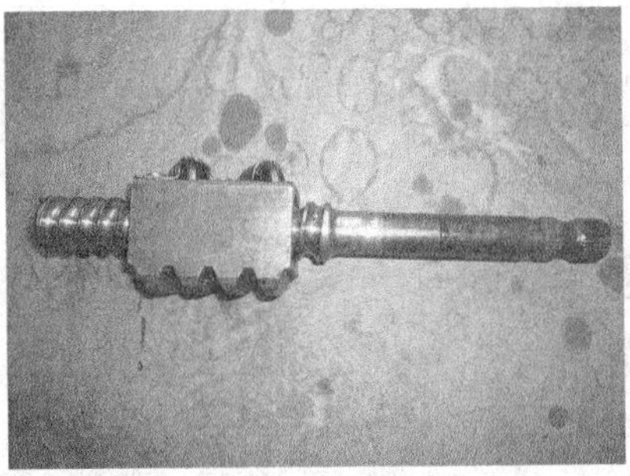

图 4-10 ____________

图 4-11 ____________

② 将转向螺母总成装入壳体，并安装壳体上、下盖和垫片。

③ 安装摇臂轴、侧盖及转向摇臂。先把摇臂轴孔内____________，再按顺序安装调整螺钉，如图 4-12 所示。装复后用手轻轻转动调整螺钉再用百分表检测____________，当窜动量大于____________mm 时，应选配垫圈调整至____________mm。然后，转动螺杆螺母上的齿条处于中间位置。这时，再把摇臂轴装入壳体内，齿扇与齿条应相互啮合（装配时要注意防止摇臂轴另一端油封弹簧跳出，造成漏油），最后按规定扭力拧紧侧盖上的紧固螺母、螺栓，并在上、下盖及侧盖结合处及密封垫两面，涂以密封胶。

图 4-12 ____________

（3）注意事项

① 拆装时，应____。

② 不准随意调换____。

③ 装好后的转向器应____现象。

（4）检测

① 壳体与盖的检测

- ____。
- 用塞尺和____。
- 目测检查螺纹，____。

② 齿扇轴的检测

- 螺纹损伤的检测，____。
- 花键齿的磨损及变形的检测，轴端花键出现____________________________应更换。
- 轴颈的磨损、损伤、麻点、锈蚀的检测。支撑轴颈的磨损逾限，可进行刷镀修复或喷焊修复，但一般应更换。
- 目测检查齿面____。
- 调整螺钉轴向间隙的检查，要求____________mm。

③ 摇臂轴的检测

- 用磁力探伤方法进行检测，____________________________，一律更换。
- 目测检查扇齿，若有____________________________，可用油石磨平，继续使用；齿面若严重剥落、磨损变形，应更换。

• 检查摇臂轴端部花键，不得有____

• 检查摇臂轴与其轴承的配合间隙，摇臂轴承与壳体及侧盖的配合间隙，均不得大于技术标准。更换摇臂轴衬套时，必须______________________________。

④ 转向螺杆螺母总成的检测

• 目测检查转向螺杆螺母上的钢球滚道，应无______________________________，若有脱层剥落、刻痕或压坑，应予以更换。

• 用百分表检查转向杆轴颈对其中心的跳动量，一般跳动量不得大于____________mm。

• 用千分尺检测钢球直径差不得大于____________mm。钢球与轨道配合间隙不得大于0.05mm。若钢球磨损，配合间隙超过____________mm 或钢球脱落破碎，则钢球一律更换，更换钢球时，钢球的规格、数量、材质等必须符合______________________________。

• 目测检查转向螺母上的钢球导管，若______________________________等应予更换。

⑤ 转向螺杆轴承的检测。

• 目测检查轴承滚道表面，应无______________________________金属剥落，保持架扭曲变形、断裂等，若有其中现象之一者，一律更换轴承总成。

• 用手转动____现象。

⑥ 齿扇与齿条的啮合间隙调整。调整时，齿条与齿扇的啮合，必须处在中间位置才能进行，否则间隙不准确。一般是利用摇臂轴轴向位移调整螺钉进行调整，______________________________

____

____

【任务考核】

齿轮齿条式转向器拆装考核评分表

时间：30 分钟　　　　　　　　　　　　　　　　　　　　　　　　任课教师签字：

序号	考核内容	配分	评分标准	考核记录	扣分	得分
一	考前准备	2	备齐所需的工、量具及设备			
二	齿轮齿条式转向器的拆卸（25 分）	5	将转向器总成固定在台虎钳上			
		5	拧松锁紧螺母，拆下调整螺塞			
		5	取出调节弹簧及缓冲胶圈，调整压块			
		5	拧下齿轮锁紧螺母，取出齿轮			
		5	拆下防尘套、密封件，拉出齿条			
三	齿轮齿条式转向器的检查（20 分）	4	目测齿轮、齿条齿面的磨损或损坏情况			
		4	用塞尺或其他工具检测齿条与导套的间隙			
		4	用游标卡尺检查调节弹簧的自由长度			
		4	用手压缩或拉伸防尘套等密封件，检查其是否损坏或老化			
		4	检查通气管是否堵塞			
四	齿轮齿条式转向器的安装（25 分）	5	清洁各零部件			
		5	安装齿条、密封件、防尘套			

续表

序号	考核内容	配分	评分标准	考核记录	扣分	得分
四	齿轮齿条式转向器的安装（25 分）	5	安装调节弹簧及缓冲胶圈、调整压块			
		5	调整间隙并拧紧调整螺塞			
		5	在台虎钳上取下转向器总成			
五	任务一基础知识填空	10	回答正确，书写工整，按时全部完成			
	任务二基础知识填空	10	回答正确，书写工整，按时全部完成			
六	职业素养（8 分）	4	课堂纪律			
		2	文明操作			
		2	工具及设备干净、整洁			
七	时间要求		每超 1 分钟扣 1 分，超过 10 分钟者不予及格			
合计		100				

任务三 动力转向系统

【基础知识填空】

1. 动力转向系统由____________________组成。

2. 根据助力能源形式的不同可以分为________________ 3 种类型。

3. 液压助力转向系统应用较为普遍，分为______________两种液压助力转向系统。

（1）常压式液压助力转向系统特点是____。

（2）常流式液压助力转向系统特点是____。

4. 常流式液压助力转向系统转向（工作）原理是什么？

当汽车直线行驶时，滑阀依靠阀体内的定中弹簧（回位弹簧）保持在__________。由油泵输送来的工作油，从滑阀和滑体环槽边缘的环形缝隙____。

当汽车右转弯时，转向盘右转，转向杆右转，与转向轴连成一体的滑阀和左旋螺杆克服回位弹簧的弹力和反作用柱塞一侧的油压力而向右移动，____。

当转向盘转过一定角度保持不变时，螺母也不再继续相对于螺杆左移，____。

5. 液压泵主要检查输出油液压力是否达到技术标准。检查____

____。

当发动机怠速运转时，关闭接在液压泵输出油管处的压力表截止阀，压力表读数应在 637～784kPa，注意截止阀关闭时间______________。在热车状态下，快速转动转向盘至左右极限位置，管路中产生最高压力，______________。

6．储油罐液压油面高度的检查方法是什么？

液压系统不能有______________现象，否则应更换各部件的衬垫，并加足液压油至规定刻度。

7．检查液压油中是否混有空气的方法是什么？

起动发动机，使之在______________转速下运转，并使转向盘在左右极限位置来回转动几次，使油温上升至______________时，观察油是否有起泡或乳化现象，如有则说明油中混有空气。

8．如何检查动力转向系统中液压油的品质？

如果液压油变质、黏度过稠或含有杂质，则应对其进行更换，方法：______________

____

____。

9．电动助力转向（EPS）系统利用直流电动机提供转向动力，辅助驾驶员进行转向操作。电动助力转向系统根据其助力机构的不同可以分为______________。

10．电动液压助力转向系统的液压泵（齿轮泵）通过电动机驱动，与发动机在机械上毫无关系，助力效果只与转向盘角速度和行驶速度有关，是典型的可变助力转向系统。其特点是______

____

____。

11．直接助力式电动转向系统是______________

____

____。

【实践操作训练】

1．补全更换转向油液的操作步骤，并在实训车间完成实际操作。

（1）放油。

① 支起汽车前部，使两前轮______________。

② 拧下______________。

③ 发动机怠速运转，在放转向油的同时，______________。

（2）加油与排气。

① 起动发动机，______________。

② 停止发动机工作，支起汽车前部，并用支架支撑，______________

____。

③ 检查转向储油罐中油面高度，视需要加至______________。

④ 降下汽车前部，起动发动机怠速运转，连续转动转向盘，______________

____

____。

（3）排空气。

① 发动机起动后，____，如果系统中混有大量空气，自动排挡液混浊，系统会发出________________________，则需重复上述步骤，使油温升高，将空气排尽。

② 转向盘保持在极限位置的时间____________，否则容易造成叶片泵过热而损坏。

③ 若转向盘转到极限位置时有____。

2．液压式动力转向系常见故障诊断与排除

（1）动力转向沉重故障主要原因有哪些？

① ____；

② ____；

③ ____；

④ ____。

⑤ 转向装置润滑不良。

（2）动力转向沉重复故障排除方法有哪些？

① ____；

② ____；

③ ____；

④ ____；

⑤ ____。

（3）转向系统噪声故障主要原因有哪些？

① ____；

② ____；

③ ____；

④ ____；

⑤ ____。

（4）转向系统噪声故障排除方法有哪些？

① ____；

② ____；

③ ____；

④ ____；

⑤ ____。

（5）左右转向轻重不同故障主要原因有哪些？

① 分配阀滑阀调整不当，____；

② ____；

③ 滑阀或阀体台肩处有____；

④ 滑阀内有污物等，____；

⑤ ____。

（6）左右转向轻重不同故障排除方法有哪些？

① ____；

② ____;

③ ____;

④ ____;

⑤ ____。

【任务考核】

转向油液的更换及排空气考核评分表

时间：30分钟　　　　　　　　　　　　　　　　　　　　　　　　　　任课教师签字：

序号	考核内容	配分	评分标准	考核记录	扣分	得分
一	考前准备	2	备齐所需的工、量具及设备			
二	转向油液的更换（50分）	2	用三角木固定好车轮，拉紧驻车制动器			
		5	支起汽车前部，使两前轮离开地面			
		8	拧下转向储油罐盖，拆下转向油泵回油管，然后将转向油排放到容器中			
		5	发动机怠速运转，左右转动转向盘，将转向油排放干净			
		5	起动发动机，向转向储油罐内加注符合规定的转向油			
		10	停止发动机工作，连续从左到右转动转向盘若干次，将转向系统中多余空气排出			
		5	检查转向储油罐中油面高度，视需要加至“Max”标记处			
		5	起动发动机怠速运转，连续转动转向盘，油面下降时应不断加注转向油，直到油面停留在“Max”处			
		5	继续转动转向盘，直到储油罐中不再出现气泡为止。			
三	空气排除（20分）	15	发动机起动后，左右转动转向盘，使转向器至极限位置5～10次			
		5	如自动排挡液混浊，则需重复上述步骤，使油温升高，将空气排尽			
四	基础知识填空	20	回答正确，书写工整，按时全部完成			
五	职业素养（8分）	4	课堂纪律			
		2	文明操作			
		2	工具及设备干净、整洁			
六	时间要求		每超1分钟扣1分，超过10分钟者不予及格			
合计		100				

项目五 5 制动系统

任务一 制动器的构造与工作原理

【基础知识填空】

1. 制动系统主要由________________________4 部分组成。

2. 制动系统的作用是什么？

（1）________________________

（2）________________________

（3）________________________

3. 根据制动的目的及操作不同，制动系统可分为________、________和________。

4. 行车制动装置一般以________为主要操作动力，同时加有________制动，使驾驶员易于操作。但大型卡车、客车则以________为主，也有采用电气制动的。

5. 驻车制动装置一般为机械式，以________。驻车制动主要是用于________________________

____

____

6. 应急制动装置：________________________

7. 较为完善的制动系统还具有________________压力保护装置等附加装置。

8. 制动装置由制动器和传动机构组成。传动机构按制动力源可分为________、________和________。

9. 人力制动系统又包括________________________。

10. 动力制动系统又包括________________________。

11. 伺服制动系统或助力制动系统，________________进行制动的制动系统。

12. 制动装置的工作原理是什么？

____

____

____

____

____

____

________________________放松踏板，在回位弹簧

的作用下，制动蹄与制动鼓的间隙恢复，制动解除。

13．制动踏板高度指____。

14．制动踏板自由行程指____。

15．制动踏板行程余量指____。

16．制动器是通过固定元件对____
____
____
____。

17．制动器按照结构不同，可分为____________和____________。

18．制动器按安装位置不同可分为____________和____________。____________可用于行车制动和驻车制动，____________只用于驻车制动和缓速制动。

19．鼓式制动器的旋转元件是____________，固定元件是____________，制动时制动蹄在促动装置作用下向外旋转，外表面的摩擦片压靠到制动鼓的内圆柱面上，对制动鼓产生制动摩擦力矩。

20．根据制动时两制动蹄对制动鼓作用的径向力是否平衡，鼓式制动器分为______________
____。

21．领从蹄式制动器的特点是____
____
____
____。

22．领蹄在摩擦力的作用下，______________________________。从蹄在摩擦力的作用下，蹄和鼓之间的正压力较小，制动作用较弱。

23．领从蹄式制动器的两个制动蹄______________________________不等，这种制动器称为非平衡式制动器。

24．____称为双领蹄式制动器。

25．单向双领蹄式制动器与领从蹄式制动器在结构上主要有两点不相同，一是双领蹄式制动器的两制动蹄各用__________________________________，而领从蹄式制动器的两蹄共用一个______________；二是双领蹄式制动器的两套制动蹄、制动轮缸、支撑销在制动底板上的布置是__________________________________。

26．双向双从蹄式制动器使用了______________________________________
____。

27．与领从蹄式制动器相比，双向双领蹄式制动器在结构上有3个特点：____________
____
____
____。

28．____称为双从蹄式制动器。

29．单向双领蹄、双向双领蹄、双从蹄式制动器的固定元件布置都是____________。如果间隙调整正确，则其制动鼓所受两蹄施加的______________________________，不会对轮毂轴承造成附加径向载荷。因此，这3种制动器都属于______________________________制动器。

30．单向自增力式制动器的特点是两个制动蹄只有______________________________

____

____。

31．双向自增力式制动器的特点是两个制动蹄的上方有____________________________

____

____。

32．制动鼓正向旋转时，前制动蹄为第一蹄，后制动蹄为第二蹄；制动鼓反向旋转时则情况相反。在制动时，第一蹄只受一个促动力 F_S 而第二蹄则有两个促动力 F_S 和 S，且 $S>F_S$。考虑到汽车前进制动的机会远多于__________，且前进制动时制动器工作负荷也远大于倒车制动，故后蹄的摩擦片面积______________________。

33．凸轮式制动器是用____

____。

34．盘式制动器主要有______________________两种，其中汽车上常用的是钳盘式。钳盘式制动器的______________________。钳盘式制动器分为______________________。

35．定钳盘式制动器的结构和工作原理是什么？

____

____

____。

36．定钳盘式制动器的缺点是什么？

（1）____。

（2）____。

（3）____。

（4）____。

37．浮钳盘式制动器的结构与定钳盘式制动器的相比有哪些特点？

（1）____。

（2）____。

（3）____。

38．浮钳盘式制动器的工作原理是什么？

____

____

____

____。

39．与定钳盘式制动器相比，浮钳盘式制动器______________________，而且制动液______________________。此外，浮钳盘式制动器在需要同时用于行车和驻车制动器时，只需在行车制动钳油缸附近加装一些用以推动油缸活塞的驻车制动机械传动零件即可。

40．按在汽车上安装位置的不同，驻车制动装置分______________________两类。前者的制动器______________________，称为中央制动器；后者和行车制动装置共用一套制动器，结构简单紧凑，已在轿车上得到广泛应用。

【实践操作训练】

1．补全鼓式制动器的拆卸步骤，并在实训车间完成实际操作。

（1）拧松轮胎螺栓，将汽车平稳支撑起来，拆下轮胎，如图 5-1 所示。注意：拧松轮胎螺栓时，注意螺栓的旋向。拆卸制动鼓前，应先使______________________________。

图 5-1 __________

（2）拆卸半轴与轮毂的连接螺栓，取下半轴，如图 5-2 所示。在取出半轴时要注意______________________________。

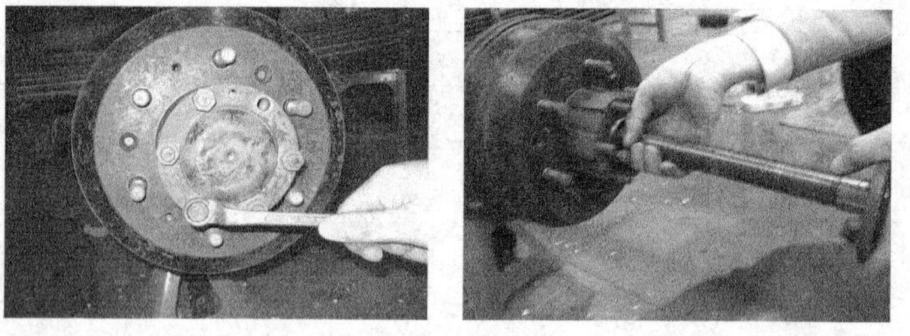

图 5-2 __________

（3）用螺栓将制动鼓顶松，然后用手将制动鼓抱着拉出来，如图 5-3 所示。

图 5-3 __________

（4）用专用套筒拆卸锁紧螺母，取出保险垫片、调整螺母，如图 5-4 所示。

> **注意**
>
> 调整螺母和锁紧螺母不同，调整螺母比锁紧螺母多出一个____________，要注意区分。

（5）用拉马将制动器的轮毂拉松，使轴承脱离轴承位后，将外轴承、油封小心地拿出来，如图 5-5 所示。注意：在即将拉出来时，要防止______________________________。同样用拉马将内轴承拉出来，取出油封。注意：______________________________。

图 5-4 __________

（6）用旋具、鲤鱼钳或螺丝刀将右制动蹄的回位弹簧拆下来，如图 5-6 所示。注意：____。

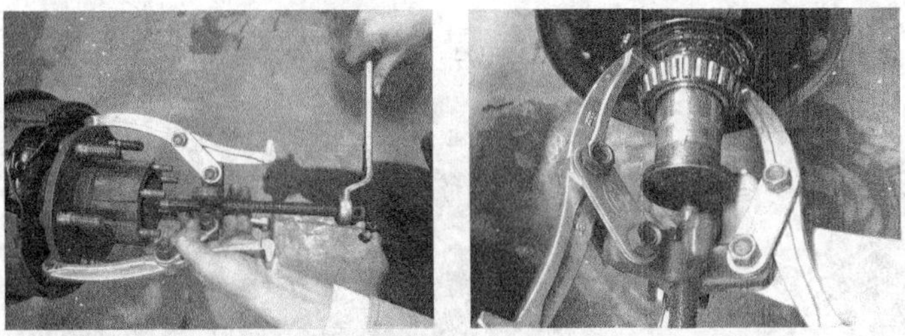

图 5-5 __________

图 5-6 __________

（7）用同样的方法拆卸左制动蹄的回位弹簧。

> **注意** ______________________，不要装错。

（8）拆卸左、右制动蹄的压紧装置，取下左、右制动蹄，拉紧弹簧和调整器，如图 5-7 所示。

> **注意** ______________________，注意区分，后面（靠近车尾）的摩擦片______________________。

（9）拆卸制动分泵，如图 5-8 所示。拆卸时要注意两端的活塞，不要让活塞掉出来。在检修时，如果不漏油，一般不拆制动分泵。如无损坏，不拆制动底板。

图 5-7 __________

2．补全鼓式制动器的装配步骤，并在实训车间完成实际操作。

（1）将拆卸下来的所有的零部件清洗干净，并用干净的压缩空气吹干待用。

（2）装制动分泵，将左、右制动蹄用拉紧弹簧和调整器连接起来，然后整体装到制动底板上。

注意________________________________。

（3）将制动蹄片的固定销轴从制动底板的另一面穿过来，装上弹簧和锁片，如图 5-9 所示。

图 5-8 ____________

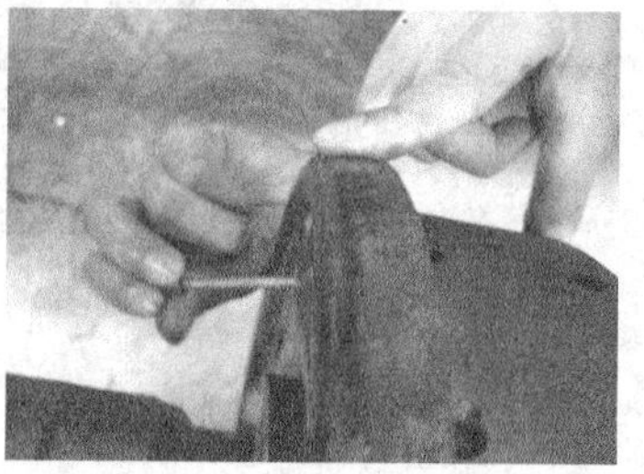

图 5-9 ____________

（4）装弹簧定位片，注意方向应呈正立三角形，如图 5-10 所示；用螺丝刀或其他工具装回位弹簧，如图 5-11 所示。

图 5-10 ____________

图 5-11 ____________

（5）安装内轴承油封并在上面均匀地涂上润滑脂，如图 5-12 所示。注意油封的________________________________。

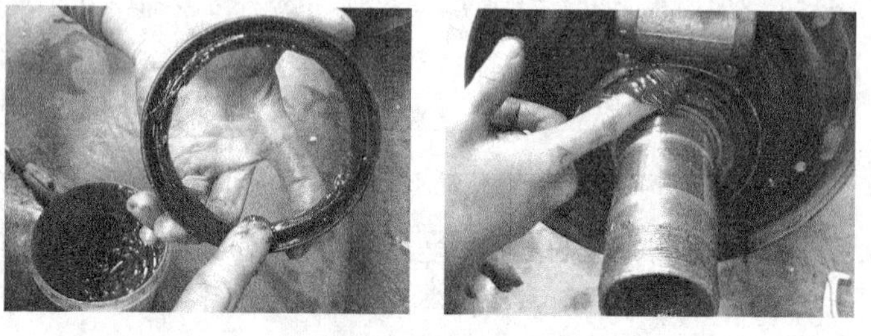

图 5-12 ____________

（6）检查内轴承，并在上面均匀地涂上润滑脂，如图 5-13 所示。用专用工具将其压装到位，如图 5-14 所示。

图 5-13 ____________

图 5-14 ____________

（7）安装制动轮毂、外轴承，如图 5-15 所示。在装制动轮毂的时候应水平缓慢的装配到位，轴承及制动轮毂的中间部位应均匀地涂上润滑脂，如图 5-16 所示。

图 5-15 ______

图 5-16 ______

（8）安装调整螺母、保险垫片、锁紧螺母。调整螺母上有定位销的一面朝外，如图 5-17 所示，调整螺母分两次拧紧，退回______圈，然后检查预紧度，如果太松或太紧就要拧紧或放松调整螺母。用手在轴向、径向上用力推拉和摇动轮毂应感觉无间隙；转动轮毂应灵活自如，无卡滞现象。保险垫片可以用尖嘴钳夹着平稳地安装，如图 5-18 所示。

图 5-17 ______

图 5-18 ______

（9）双手将制动鼓平稳地装入制动轮毂上，对角交叉交替拧紧螺母至规定力矩，如图 5-19 所示。

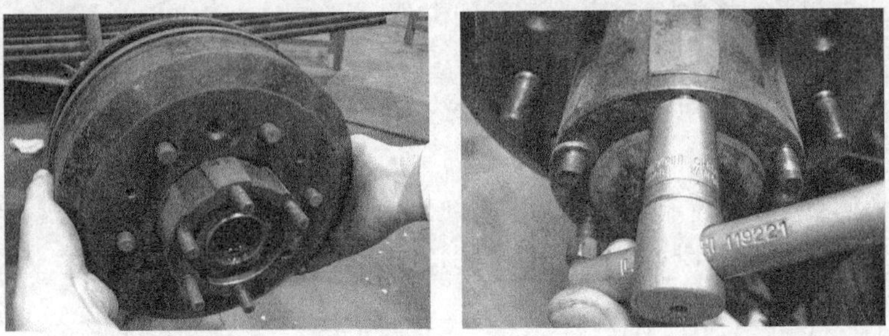

图 5-19 ______

（10）安装半轴。将半轴水平缓慢地装入后桥中，当装到外轴承位时，用手压住半轴凸缘端，再向里推装，如图 5-20 所示。

（11）调整制动装置。在调整制动装置的时候先将制动装置调紧（用手不能转动），然后后退______格，直到制动鼓能自由转动无阻力感觉为止，如图 5-21 所示。

图 5-20 ____________

(12) 排空气。将制动系统中的空气排出。此操作需要两人配合共同完成，一人踩动制动踏板数次（5 次左右），当有明显的阻力时踩住踏板不动；另一个人旋松排气阀让制动液流出，然后再拧紧。如此反复进行，直到排出的制动液中无气泡为止。

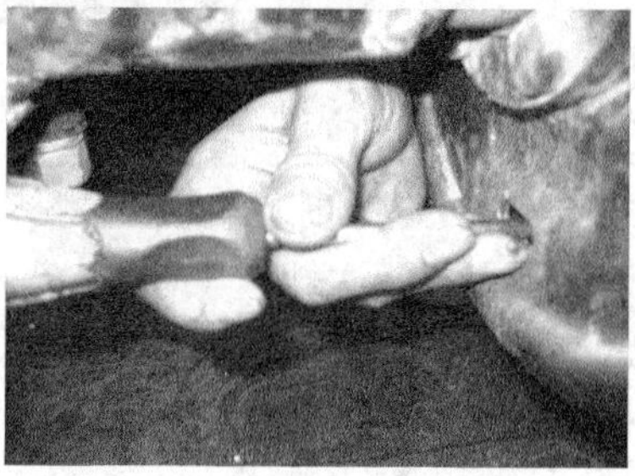

图 5-21 ____________

(13) 制动效能的检验标准是什么？

乘用车____

____。

低速货车____

____。

3．补全鼓式制动器的检修步骤，并在实训车间完成实际操作。

(1) 制动蹄摩擦片厚度。

① 用游标卡尺或直尺测量制动蹄摩擦片的厚度，标准值为____________mm，使用极限为____________mm。其铆钉与摩擦片表面距离不得小于____________mm。

② 目测检查制动蹄摩擦片的表面。表面应无裂痕、损坏、烧坏等现象。已烧坏或光滑（像玻璃表面）的摩擦片使用____________的砂纸研磨修补（砂纸打磨）。

(2) 制动鼓。

① 用游标卡尺测量制动鼓的内径，其圆度误差不得大于____________mm，直径不得超过规定的极限值。制动蹄摩擦片与制动鼓之间正常间隙为____________mm。

② 目测检查制动鼓内表面应____________________________等现象。用敲击法检查应无裂痕。

③ 将后制动鼓摩擦衬片表面打磨干净后，靠在后制动鼓上，检查二者的____________，应不小于____________。

(3) 制动分泵。

用尖嘴钳或其他工具检查制动分泵的活塞应转动____________________________。目测检查油封无漏油现象，表面无____________________________。

(4) 前轴（转向节）。

① 目测检查表面应无____。

② 用千分尺检查前轴上轴承位置的____________________________，其误差不得超过原厂要求。

(5) 回位弹簧的检查

① 目测检查弹簧应无____。

② 用直尺测量弹簧的自由长度，若弹簧自由长度增加______________________________，则应更换新弹簧。

（6）轴承

目测检查轴承表面应无____等缺陷，用手转动应转动____现象。

（7）油封

目测检查油封无漏油现象、表面无______________________________等缺陷，油封唇口完好。

4．补全盘式制动器的拆卸步骤，并在实训车间完成实际操作。

（1）拧松轮胎的螺栓，用举升机将汽车升起，拆卸车轮，如图 5-22 所示。注意：__________
____。

图 5-22 __________

（2）拆卸制动钳螺栓，制动系统的液压部分无故障可以不拆油管，如图 5-23 所示。

（3）拆卸制动钳，如图 5-24 所示。如果检查制动摩擦，可以只拆卸一个制动螺栓，然后向上旋转制动钳机构。

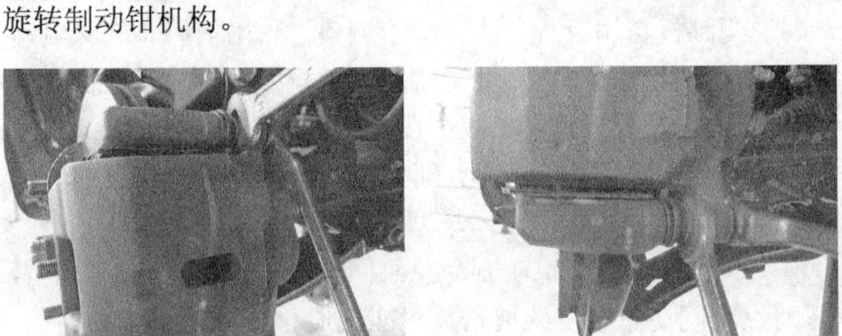

图 5-23 __________

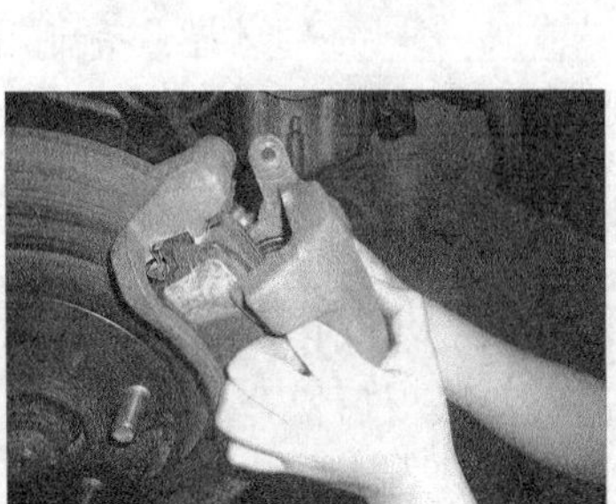

图 5-24 __________

（4）拆卸制动摩擦片，如图 5-25 所示。

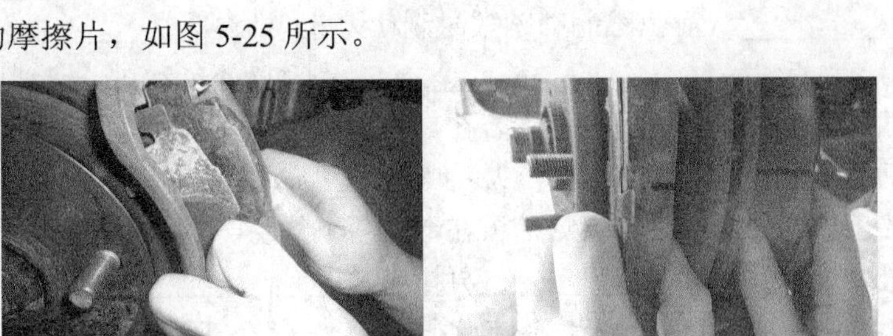

图 5-25 __________

（5）拆卸摩擦片固定弹簧片。注意____________________，如图 5-26 所示。

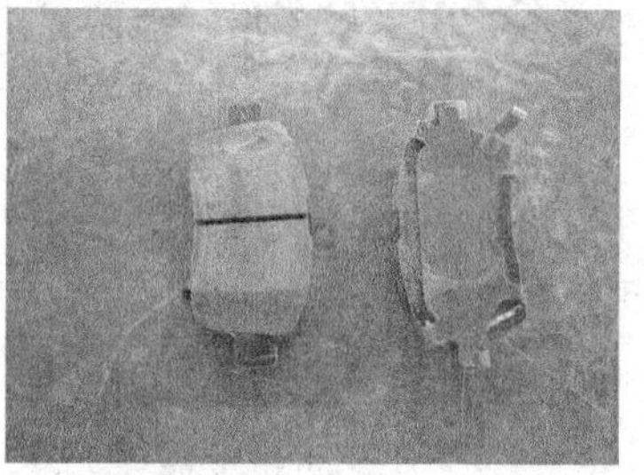

图 5-26 __________

5．按拆卸的相反的顺序完成盘式制动器的安装操作。

6．参照系列教材《汽车维护一体化教程》中“盘式制动器的检修方法”完成实际操作。

7．液压制动系统常见故障诊断与排除

（1）制动不灵。汽车行驶中，迅速将制动器踏板踩到底，汽车不能立即减速、停车。其制动减速度小，制动距离过长。

故障原因有哪些？

① ____。

② ____。

③ ____。

④ ____。

⑤ ____。

⑥ ____。

⑦ ____。

⑧ ____。

故障诊断与排除的方法有哪些？

当汽车的液压制动系统出现制动不灵时，可采用“三脚制动”（轻踏、快踏和连踏）凭“脚感”法来快速诊断。其具体排除步骤如下所述

① 第一脚制动：轻踏，即用脚尖或前脚掌轻踏制动踏板。若把踏板踏到全程的____________________时才感到有制动阻力，则说明踏板自由行程过大，应予调整。当用前脚掌轻踏制动踏板，若____________________比以前硬，甚至踏不动，则说明制动总泵及分泵皮碗发胀、变形以致卡死，或由于制动液使用过久产生了沉淀阻塞了管路，应更换____________________；若踏下制动踏板时感觉____________________，并富有弹性，则说明液压制动管路内有空气或制动液受热气化，应拧紧____________________，根据不同车型，按规定要求进行放气；若踏下制动踏板后松开，此时____________________，则说明制动总泵回油阀或回油孔也堵塞。若此时总伴有“扑哧”“扑哧”的响声，则说明制动总泵皮碗被踏翻。应疏通总泵回油阀或回油孔，重新装配或更换____________________。

② 第二脚制动：快踏，即用脚掌快速踏下制动踏板。装有快速自锁接头的液压制动系统若出现____________________，而快踏制动踏板时制动无效，则说明是____________________。这样在“快踏”制动踏板时，____________________，制动液不能通过。遇到这种情况，应重新装配，并将来油端压紧弹簧弹力适当调低。若在“快踏”时，感觉踏板____________________，而在缓慢踏下制动踏板时，感觉自由行程较大，制动无效，则说明制动总泵皮碗老化、磨损过甚。保持对制动踏板的压力不变，此时若感觉踏板在继续向下移动，则说明制动管路中有渗漏现象。首先进行外部检查____________________，再检查____________________有无制动液漏出，若没有制动液漏出，则说明总泵或分泵皮碗老化破裂或被踩翻，应予以更换。

③ 第三脚制动：连踏、即连续踩踏几次制动踏板。若连续踩几次制动踏板，____________________，则说明故障原因是____________________；或机械

连接机构脱落；或制动皮碗破裂或被踏翻。此时，应向储液室内添加制动液，疏通通气孔，更换制动皮碗。若连续踩几次制动踏板，踏板能升高，且制动效能有好转，则应检查____。

（2）制动拖滞。汽车行驶中，使用一次或几次制动后，汽车起步和加速困难；汽车行驶一段路后，制动鼓发热。

故障原因有哪些？

① ____。

② ____。

③ ____。

④ 总泵旁通孔回油堵塞；______________________________。

⑤ 总泵活塞回位弹簧软、______________________________。

故障诊断排除方法有哪些？

先确定是全车拖滞还是个别车轮拖滞，再做进一步的诊断。

如果是全车制动拖滞，做如下检查。

① ____。

② 打开储液室盖，连续踏制动板观察回油。回油缓慢或不回油，检查____。

如果是个别车轮拖滞，做如下检查。

① 支起“拖滞”的车轮，______________________________。

② ____。

③ ____。

（3）制动跑偏。机动车制动跑偏多是两前轮或两后轮制动力不等或制动力起作用的时间不一致。

故障原因有哪些？

① ____。

② ____。

③ ____。

④ ____。

⑤ ____。

故障诊断排除方法有哪些？

制动时，根据轮胎拖印情况判断，拖印短或没有拖印的车轮即为制动有故障的车轮。

① ____。

② ____。

③ ____。

④ ____。

【任务考核】

双腔液压制动总泵的拆装考核评分表

时间：30 分钟　　　　　　　　　　　　　　　　　　任课教师签字：

序号	考核内容	配分	评分标准	考核记录	扣分	得分
一	考前准备	2	备齐所需的工、量具及设备			
二	双腔液压制动总泵拆卸（35 分）	3	拆进油螺塞			
		3	拆卸出油螺塞			
		4	取出弹簧、止回密封垫圈（止回阀）			
		3	拆制动螺钉			
		4	拆卸定位卡簧			
		4	取出第一活塞（后腔活塞）总成			
		5	拆出紧固螺钉、弹簧、弹簧座、垫片、活塞体			
		4	取出第二活塞（前腔活塞）总成			
		5	拆出弹簧、弹簧座、垫片、活塞体			
三	双腔液压制动总泵的安装（35 分）	3	清洗各零部件并晾干			
		5	安装第二活塞（前腔活塞）的活塞体、垫片、弹簧座、弹簧			
		4	安装第二活塞（前腔活塞）			
		5	安装第一活塞（前腔活塞）的活塞体、垫片、弹簧座、弹簧			
		4	安装第一活塞（前腔活塞）			
		3	安装定位卡簧			
		4	安装制动螺钉			
		3	安装止回密封垫圈（止回阀）、弹簧			
		2	安装出油螺塞			
		2	安装进油螺塞			
四	基础知识填空	20	回答正确，书写工整，按时全部完成			
五	职业素养（8 分）	4	课堂纪律			
		2	文明操作			
		2	工具及设备干净、整洁			
六	时间要求		每超 1 分钟扣 1 分，超过 10 分钟者不予及格			
合计		100				

任务二 制动传动装置的构造与检修

【基础知识填空】

1．制动传动装置的作用是将驾驶员或其他动力源的作用____________________，同时控制____________________的工作，获得所需要的____________________。

2．制动传动装置按传力介质不同可分为____________________。

3．制动传动装置按制动管路数可分为____________________。

4．液压传动装置主要由____组成。

5．双腔液压制动总泵的作用是____。

6．双腔液压制动总泵由____组成。

7．双腔液压制动总泵的工作原理是什么？

储液罐中的油液经每一腔的空心螺栓（其内腔形成储液室）和各自的旁通孔、补偿孔流入主缸前、后腔。在主缸前、后工作腔内产生的液压分别经各自的出油阀和各自的管路传到前、后轮制动器的轮缸。

不制动时，推杆球头端与活塞之间保留有一定的间隙，____。

当踩下制动踏板时，踏板传动机构通过推杆推动后腔（第一）活塞前移，到皮碗掩盖住旁通孔后，此腔液压升高。____。

解除踏板力后，制动踏板机构、主缸前后腔活塞和轮缸活塞，____。

若与前腔连接的制动管路损坏漏油时，则在踩下制动踏板时只有后腔中能建立液压，前腔中无压力。此时在液压差作用下，____。

若与后腔连接的制动管路损坏漏油时，则在踩下制动踏板时，____。

由上述可见，双回路液压制动系统中任一回路失效时，主缸仍能工作，只是所需踏板行程加大，将导致汽车的制动距离增长，制动效能降低。

8．真空助力泵由____等组成。

真空助力泵内的两个控制阀：______________________；真空阀用于控制壳体内膜片分隔的前腔与后腔之间的连通或封闭。空气阀用于____。

9．真空助力泵的工作原理是什么？

真空助力泵的前腔与发动机进气管连接，发动机工作时，进气管的压力小于大气压力。

（1）未踩下制动时：没有踩下制动时，空气阀封闭；____。

（2）踩下制动：踩下制动时，首先______________________；之后空气阀打开：后腔与大气相通。此时，前腔与真空源相通，而后腔因与大气相通，在些压力差下，______________________________，实现助力作用。

（3）维持制动时：当踩住不动后，空气阀由打开变为封闭，____。

（4）松开制动时：控制阀在回位弹簧的作用下回位。______________________关闭，真空阀门打开，真空助力器的______________________，后腔体的空气被抽走。膜片托盘在回位弹簧的作用下回位，此时处于解除制动状态。

10．简述真空助力器的检修方法。

（1）真空助力器分解后，全部金属零件应使用______________________，通道和凹槽应用压缩空气吹干净，密封件应用酒精或制动液清洗，不得接触______________________。

（2）检查阀及阀座，不应有______________________。推杆及操纵杆如有磨损，应予以更换。推杆在阀体内应______________________。

（3）前后壳体破裂、____。

11．制动防抱死系统主要由______________________________________等组成。

12．简述制动抱死系统的工作原理。

汽车制动时，首先由____。

13．汽车行驶过程中，轮速传感器将车轮转速转变为______________________传输给 ASR 电子控制器（ECU），ECU 根据车轮转速计算驱动车轮的____________，如果滑转率超出了目标范围，ECU 综合参考______________________________________以及转向信号（有的车没有）等确定其控制方式，并向相应执行机构发出指令使其动作，将驱动车轮的滑转率控制在目标范围之内。

14．驱动防滑转系统（ASR）和 ABS 一样，主要由______________________、制动压力调节器三大部分组成。ASR 中的______________________可以是独立的，也可以与 ABS 共用，______________________共用，ASR 与 ABS 的制动压力调节器也可以共用。因此，通常将 ASR 和 ABS 组合在一起。

【实践操作训练】

1．补全双腔液压制动总泵的拆装步骤，并在实训车间完成实际操作。

（1）拆卸进油螺塞，保护好密封圈，如图 5-27 所示。

图 5-27 ____________

（2）拆卸出油螺塞，取出弹簧、止回密封垫圈（止回阀），如图 5-28 所示。

图 5-28 ____________

（3）拆卸制动螺钉，注意保护好油封，如图 5-29 所示。

（4）拆卸定位卡簧，如图 5-30 所示。

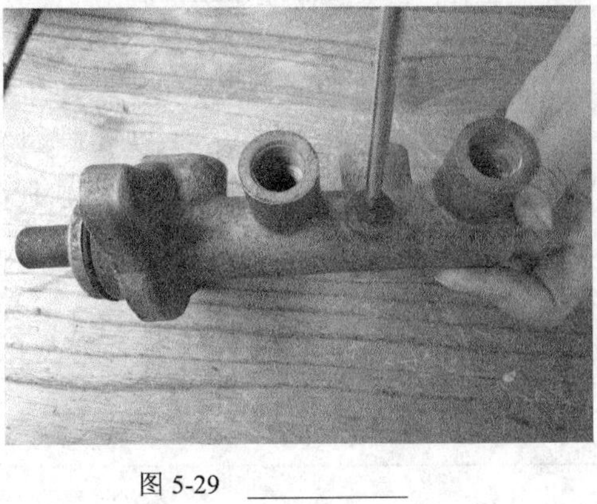

图 5-29 ____________

图 5-30 ____________

（5）取出第一活塞（后腔活塞）总成，依次拆出紧固螺钉、弹簧、弹簧座、垫片、活塞体，如图5-31所示。

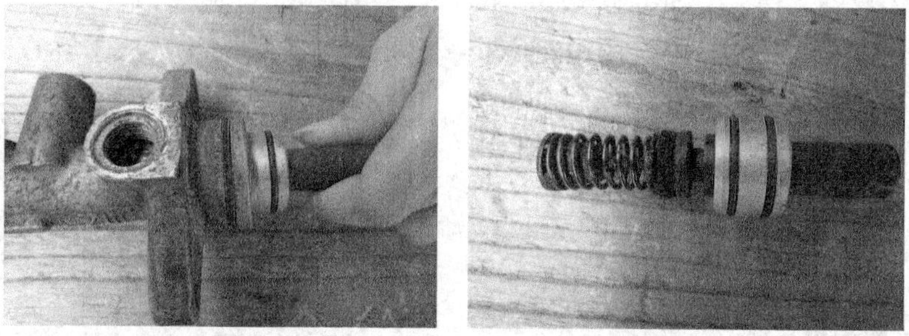

图5-31 ________

（6）取出第二活塞（前腔活塞）总成，依次拆出弹簧、弹簧座、垫片、活塞体，如图5-32所示。

图5-32 ________

（7）清洗所有的零部件。注意：____。

一般活塞密封件可以不拆卸，保持零件完好、完整。

（8）装配时按拆卸的相反顺序安装。每装一个零件都需要涂上________________。

2．补全液压总泵的检修步骤，并在实训车间完成实际操作。

（1）用量规检查____________________，如没有这种量规，可将活塞放在总泵缸体中，用塞尺来检查____________________。如间隙超过________mm，总泵必须更换。由于总泵的工作特点，活塞前端通常比后端磨损快，____________________磨损快。因此，在测量配合间隙时，应把活塞____。另外还应注意，____________________不能相差太大，否则因两活塞产生的制动力不同会引起制动跑偏。如果缸体的内壁有____________，必须使用细砂布（金属氧化粉）磨光，不可使用____________________。如刮痕较深，须更换总泵。

（2）检查进油管____。

（3）检查出口塞的____。

（4）总泵皮碗、皮圈等零件在修理时，____。

（5）总泵、分泵在装配前，各零件应用________________________________

____

____。

（6）总泵的回位弹簧____

____。

【任务考核】

鼓式制动器就车拆装考核评分表

时间：30 分钟　　　　　　　　　　　　　　　　　　　　　　　　　　任课教师签字：

序号	考核内容	配分	评分标准	考核记录	扣分	得分
一	考前准备	2	备齐所需的工具、量具及设备			
二	制动器的拆卸（23 分）	2	拧松轮胎螺栓、将车轮顶起直至离开地面			
		2	拆卸轮胎螺栓、取下车轮总成			
		2	拆卸半轴与轮毂的连接螺栓，取下半轴			
		3	拆卸锁紧螺母，取出保险垫片、调整螺母			
		4	用拉拔器将制动器的轮毂拉松，拿出外轴承、油封			
		3	拆制动蹄的回位弹簧			
		4	拆卸压紧装置、制动蹄、拉紧弹簧和调整器。			
		3	拆内轴承、油封			
三	制动器的安装（35 分）	2	清洁、检查各零部件			
		5	安装拉紧弹簧、调整器、制动蹄			
		3	安装定位弹簧、锁片、回位弹簧			
		3	安装油封、内轴承			
		8	安装制动轮毂、外轴承			
		8	安装调整螺母、保险垫片、锁紧螺母			
		3	安装制动鼓，拧紧螺栓			
		3	安装半轴，拧紧螺栓			
四	制动器的调整（20 分）	17	调整制动器间隙			
		3	安装车轮，拧紧螺栓			
五	基础知识填空	15	回答正确、书写工整、按时全部完成			
六	职业素养（5 分）	2	课堂纪律			
		2	文明操作			
		1	工具及设备的整齐、清洁度			
七	时间要求		每超 1 分钟扣 1 分，超过 10 分钟者不予及格			
合计		100				

【综合实训】

任务引入

王先生最近发现他的别克轿车在行驶中，当迅速将制动器踏板踩到底，汽车不能立即减速、停车。其制动减速度小，制动距离过长，同时还伴随有金属摩擦声。请根据所学知识分析其故障发生的原因并制订解决方案，根据方案排除故障。

一、知识链接（故障相关的知识点）

1．盘式制动器相关理论知识。

2．盘式制动器零部件的拆装检修。

3．故障分析：汽车行驶中，迅速将制动器踏板踩到底，汽车不能立即减速、停车。其制动减速度小，制动距离过长，此故障为制动力不够所引起的，如果伴随有金属摩擦声，则说明是由制动器摩擦片的厚度不够而造成制动力不足引起的。

二、故障点检查

1．检测制动器摩擦片厚度。

2．检查盘式转子盘。

（1）检测盘式转子盘的厚度。

（2）检测制动盘跳动。

（3）检查制动液是否渗漏。

（4）检测制动踏板自由行程。

3．检查制动液不足是否充足。

4．检查液压制动系统中是否渗入空气。

5．检查密封件的密封情况。

三、根据客户陈述，检查各故障点并按要求填写车辆检查问诊单。

车辆查询问诊单

<table>
<tr><td>客户姓名</td><td></td><td>车牌</td><td colspan="3"></td></tr>
<tr><td>客户电话</td><td></td><td>车型</td><td colspan="3"></td></tr>
<tr><td>维修顾问</td><td></td><td>车架号</td><td colspan="3"></td></tr>
<tr><td>预计交车时间</td><td></td><td>行驶里程数</td><td></td><td>燃油表显示</td><td></td></tr>
<tr><td colspan="2">外观确认
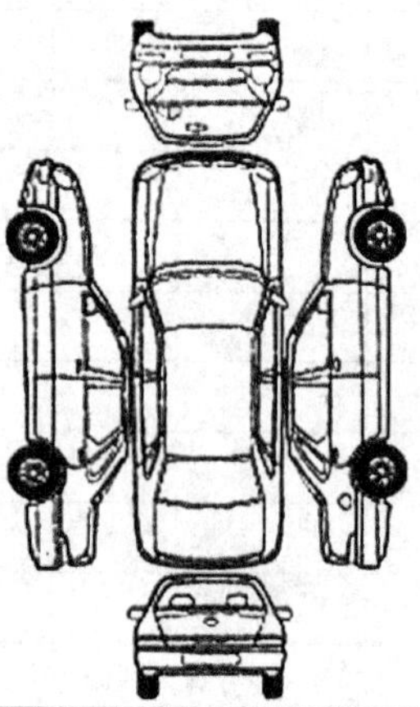
○ 划伤
□ 擦伤
◇ 碰伤
△ 凹陷
● 脱落</td><td colspan="4">仪表故障信息：
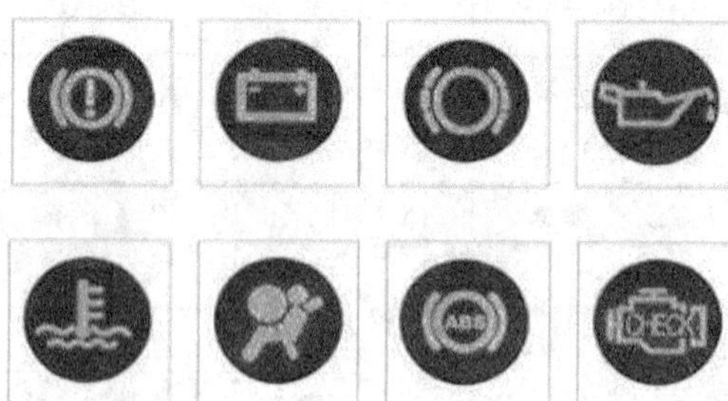
其他：</td></tr>
<tr><td>客户陈述故障</td><td colspan="5"></td></tr>
</table>

续表

<table>
<tr><td rowspan="3">报检项目</td><td colspan="3"></td></tr>
<tr><td colspan="3"></td></tr>
<tr><td colspan="3"></td></tr>
<tr><td rowspan="3">建议维修项目</td><td colspan="3"></td></tr>
<tr><td colspan="3"></td></tr>
<tr><td colspan="3"></td></tr>
<tr><td>客户签字</td><td></td><td>服务顾问签字</td><td></td></tr>
</table>

四、制订计划

老师将学生分成若干小组，每组 5 人左右，每组选出一个组长，组长负责对组员进行任务分配，组员按照组长的要求完成相应的任务，并将所完成的任务内容填入任务计划表中

制订计划表

<table>
<tr><th>序号</th><th>任务</th><th>个人任务</th><th>完成情况</th><th>组长检验结果</th></tr>
<tr><td>1</td><td rowspan="5">王先生最近发现他的别克轿车在行驶中，当迅速将制动器踏板踩到底，汽车不能立即减速、停车。其制动减速度小，制动距离过长，同时还伴随有金属摩擦声。请根据所学知识排除相关故障。</td><td></td><td></td><td></td></tr>
<tr><td>2</td><td></td><td></td><td></td></tr>
<tr><td>3</td><td></td><td></td><td></td></tr>
<tr><td>4</td><td></td><td></td><td></td></tr>
<tr><td>5</td><td></td><td></td><td></td></tr>
</table>

五、检查、修改计划

教师检查学生做的计划，根据要求提出相应的修改计划（如计划做得很完美则无需修改），直接进入下一阶段。

检查、修改后的任务计划表

<table>
<tr><th>序号</th><th>任务</th><th>个人任务</th><th>完成情况</th><th>教师检验结果</th></tr>
<tr><td>1</td><td rowspan="5">王先生最近发现他的别克轿车在行驶中，当迅速将制动器踏板踩到底，汽车不能立即减速、停车。其制动减速度小，制动距离过长，同时还伴随有金属摩擦声。请根据所学知识排除相关故障。</td><td></td><td></td><td></td></tr>
<tr><td>2</td><td></td><td></td><td></td></tr>
<tr><td>3</td><td></td><td></td><td></td></tr>
<tr><td>4</td><td></td><td></td><td></td></tr>
<tr><td>5</td><td></td><td></td><td></td></tr>
</table>

六、实施

（一）教学准备

1．一体化实训场地准备：工作台、发动机、教学用整车。

2．工具准备：拆装工具套装、测量工具。

3．资料准备：教学课件、视频资料、维修手册、网络教学资源。

（二）填写维修卡

根据检查的结果制订维修方案并按要求填写维修卡。

维修卡

服务专员		日期		制单人员	
工单号		进厂日期		发动机号	
车主		车主电话		车架号（VIN）	
地址					
车牌号		车型			
检查结果					
维修方案	1．拆装：				
	2．维修：				
	3．更换：				
维修人员签字		组长签字		指导教师签字	

（三）填写维修工单

根据维修方案排除故障并按要求填写维修工单。

维修工单

服务专员：		日期		制单人员	
工单号		进厂日期		发动机号	
车主		车主电话		车架号（VIN）	
地址					
车牌号		预定交车时间		质检	
车型		路试		洗车	
维修类别		进厂里程		保修结束里程	

续表

维修项目	维修内容		工时	单价	金额
1．拆装					
2．修复					
3．喷漆					
4．更换					
5．机修					
6．四轮定位					
客户签字		维修技师签字		洗车技师签字	
		终检签字		维修经理签字	

七、评估效果

评价内容及评分标准		自我评价（打分）	小组相互评价（打分）	教师评价（打分）
信息收集（15分）	理解任务或问题的程度（5分）			
	收集信息的完整性（5分）			
	对信息（知识）的领会程度（5分）			
制订计划（20分）	计划制订参与程度（10分）			
	计划的合理性及实用性（10分）			
修改计划（15分）	和老师怎么讨论计划（5分）			
	和老师讨论后，是否知道如何改进计划（5分）			
	计划修改后的完整性（5分）			
实施（20分）	是否按计划进行工作（5分）			
	是否亲自实施计划（5分）			
	是否记录工作过程及结果（10分）			
检查（15分）	是否按计划的要求去完成任务（5分）			
	是否达到预期目标（5分）			
	整个工作流程是否与标准流程符合（5分）			
评价（15分）	按计划是否完成了任务或解决了问题（5分）			
	在哪个环节上可以改进（2分）			
	学习团队的合作情况（3分）			
	现场5S及劳动纪律（5分）			
总分				
总评				